これぞプロの技！
中学校
進路指導・キャリア教育
Q&A

公益財団法人
日本進路指導協会 編

実業之日本社

はじめに

1．学校現場におけるキャリア教育の必要性

　世界の先進諸国50ヵ国以上が加盟するOECD（経済協力開発機構）の調査機関PISA（学習到達度調査）の報告書によると，日本の生徒は，正解がある問題では加盟国の上位から5番以内に入る優秀な成績であるが，○×では判定できない正解がない問題では，最下位から1，2番になっています。この結果を見ると，加盟国の生徒と比べて日本の生徒の課題解決能力が極めて低く，読解力，思考力，表現力といった能力の育成が喫緊の課題となっていることが明らかです。
　今までの学校教育では，「どのように生きるか」「なぜ学ぶのか」「なぜ働くのか」といった学習が疎遠になっていたのではないでしょうか。また，社会の一員としての基礎的・基本的な能力を身につけさせる指導が弱かったのではないかと指摘されています。
　キャリア教育の目的は，「社会の一員として自立して生きていくことができる力を身につけさせること」にあり，これを具現化させていくことが学校教育に求められていると確信しています。

2．「キャリア教育」に対する学校現場の反応

　キャリア教育の発端となった『キャリア教育の推進に関する総合的調査研究協力者会議報告書』（以後，報告書と略記する）が平成16年1月に発表されました。この報告書によりキャリア教育の推進が提唱され，「生きる力」のさらなる進展が謳われました。
　この報告書が発表されてから10年以上になりますが，その間の先生方の反応は，「『キャリア教育』が提唱されましたが，例えば『ゆとり教育』や『○○教育』と同じでしばらく様子を観てからでも遅くはないだろう」とか，むしろ，「教員はそれでなくても多忙を極めている上，『キャリア教育』という新しい取り組みなどできないよ」という意見が少なからず見受けられました。
　さらに，進路指導・キャリア教育に関しては，教科書がないので教員にとっては「教えにくい・指導しにくい」といった意見が強くあります。先生方が進路指導・

キャリア教育をいざ始めようとしたとき，何をどこから始めてよいかわからないというのが現状です。

3．本書編纂の意図

　少子高齢・成熟社会である日本の未来は，グローバル化社会に対応した人材育成を図ることが極めて重要になっています。これは特に学校教育に課せられた問題です。この課題に応えるべく先生方の意見をもとに，「進路指導・キャリア教育」を推進する上でのさまざまな課題にどのように対応・対処すればよいのかを系統的・継続的にすぐさま実践できるような活用書として本書を編纂しました。

4．本書の活用法

　本書は，キャリア教育・進路指導を実践するにあたり，現場の先生方のさまざまな疑問や悩みを解決するために編纂されたものです。

　本書の「Q（Question）」という疑問・課題に応じた「A（Answer）」という答えを参考にして自校の環境・実態を考慮した解決策を具体化していくために活用してください。

　具体的には，疑問，課題や悩みをキーワードによって明確化することから始めます。疑問や課題のキーワードは，目次のどの部分に該当するかを調べます。例えば，「キャリア教育って何をすればいいのかな」という疑問は，目次から参考箇所を見つけることができます。この課題は，第1章7の「キャリア教育において重視すべき教育内容や方法」や第2章7の「キャリア教育の実践」が該当しそうです。

　さらに，巻末の索引を参考にすると，「キャリア教育を創る」「キャリア教育をデザインする」「学習指導要領」といったキーワードが掲載されているので，そのページから必要な情報を得ることができます。

平成28年3月

公益財団法人　日本進路指導協会
常務理事　萩原 信一

目次

はじめに — 2

第1章
進路指導・キャリア教育に取り組む前に大切なこととは？

1. 教育活動全体で行う生き方の指導 — 8
2. キャリア教育を推進するための校内指導体制の整備 — 12
3. 現行の学習指導要領におけるキャリア教育 — 16
4. キャリア教育の計画の作成 — 20
5. キャリア教育の目標設定 — 24
6. キャリア教育の教育課程への位置づけ — 28
7. キャリア教育において重視すべき教育内容や方法 — 32
8. 基礎的・汎用的能力の育成 — 36

コラム　キャリア教育とリカレント教育 — 40

第2章
学級や学年の視点から見たポイントとは？

1. 進路計画の意義と立案 — 42
2. 学級活動における職業観・勤労観の育成 — 46
3. 自己理解を図るための指導と学級担任の役割 — 50
4. 進路（進学）希望の検討 — 54
5. 進路決定後のキャリア教育 — 58
6. 各学年のキャリア発達に応じた体系的・系統的な指導 — 62
7. キャリア教育の実践 — 66
8.「出口指導」とキャリア教育 — 70

コラム　キャリア教育，どこまで実施している？ — 74

第3章
各教科や各教育活動における
進路指導・キャリア教育のポイントとは？

1. 教科指導をとおして行うキャリア教育の視点 — 76
2. キャリア教育の視点でつなぐ各教育活動 — 80
3. 道徳とキャリア教育 — 84

4．キャリア教育と職場体験 — 88
　　5．職場体験等の評価の生かし方 — 92
　　6．職場体験等と課題対応能力の育成 — 96

コラム　七五三現象，どうなった？ — 100

第4章
他校や地域との連携のポイントとは？

　　1．地域力を生かしたキャリア教育 — 102
　　2．キャリア教育における地域との連携 — 106
　　3．家庭や地域社会等と協力して行う体験活動 — 110
　　4．小中が連携したキャリア教育の進め方 — 114
　　5．高校と連携したキャリア教育 — 118
　　6．キャリア教育とアントレプレナーシップ教育 — 122
　　7．コミュニティ・スクールにおけるキャリア教育 — 126
　　8．中学生のキャリアマナー育成について — 130

コラム　卒業してどの職業に就いている？ — 134

第5章
こんなときはどうする？

　　1．学習意欲とキャリア教育 — 136
　　2．自己を見つめ続けるキャリア教育 — 140
　　3．キャリア教育における啓発的経験の充実 — 144
　　4．キャリア教育における教員の意識や指導力の向上と実施体制 — 148
　　5．キャリア教育における評価活動の充実 — 152
　　6．キャリア教育の改善 — 156
　　7．キャリア教育の評価 — 160
　　8．中学校のキャリアカウンセリング — 164

おわりに — 168

索引 — 170

第1章

進路指導・キャリア教育に取り組む前に大切なこととは?

1 教育活動全体で行う生き方の指導

Question

全教育活動をとおして行う『進路指導』や『キャリア教育』は,どのようにすればよいですか。

Answer

　進路指導は,計画的に系統性を考えながら全教育活動をとおして行う必要があります。
　そのために,進路指導主事(主任)を中心に学校長,教頭(副校長)の指導のもと,各教科・領域との関連を図りながら,進路指導の全体計画を作成し,その主旨について,先生方に十分理解をしていただき,その具現化のために,年間指導計画を学年(学級)および各教科・領域ごとに作成し,これに従って進路指導が実践されてきました。
　また,このことは,過去の先生方への進路指導に関する意識調査の結果からもしっかりと実践されてきたことは,自明のことです。しかし,若者の現状などから考えると,十分進路指導が行われていたとはいえないのも事実です。

1. 進学・就職指導からキャリア教育へ

　学校現場においては,進路指導主事(主任)の職務のほとんどが,進学・就職指導(出口指導)に偏っているところもありました。学校規模にもよ

りますが，進路指導部のなかに，進学・就職担当を設けるなどして，進路指導主事（主任）が本来やらなければならない全教育活動をとおして行う進路指導（生き方の指導）が円滑に行われるよう，職務に専念できるような体制を作ることが大切でした。

また，そのような体制をつくり，実践してきていた学校もありました。

しかし，多様化する社会の変化や構造の変化などに，十分対応できなかった進路指導（生き方の指導）の現状を踏まえ，キャリア教育の重要性が増しています。

2．キャリア教育に合わせた体制づくり

そして，学校規模によっては，進路指導主事（主任）とキャリア教育担当を兼務せざるを得ないところもありますが，進路指導主事（主任）とキャリア教育担当がそれぞれ置かれ，進路指導主事（主任）が中心に行ってきた進路指導（生き方の指導）を，キャリア教育担当も加わり，進路指導（生き方の指導）の充実が一層図れる体制になっている学校もあります。

そこで，進路指導（生き方の指導）を行ううえで，進路指導主事（主任）とキャリア教育担当の連携をいかに図るかが重要になってきます。
　まずは，進路指導主事（主任）とキャリア教育担当をそれぞれ置いている学校においては，お互いに行うべきそれぞれのねらいを明確にしておくことが大切です。
　つぎに，学校の規模や実情に合わせて，役割や職務を明確にすることも重要です。
　例えば，進学・就職の情報収集・提供や事務処理（出口指導）と追指導を進路指導主事（主任）が中心に行い，各教科・領域との関連を図った進路指導（生き方の指導）については，キャリア教育担当が中心に行ったり，進路指導主事（主任）が進路指導と各教科・領域との関連を図れるように全体計画を立て，キャリア教育担当は，キャリア教育の視点をもとに各教科・領域の関連を図れるように全体計画を立て，各教科・領域が指導計画にそって具体的な実践を行ったりするなど，役割や職務を明確にすることが求められます。

3．評価を行い改善・充実を

　最後に，指導計画を改善・充実させるために，評価をすることが重要です。
　評価方法については，生き方についての評価になるので，自己評価を中心に行い，内容によっては，相互評価を行うことが適当です。
　例えば，生徒の意識の変容を調査する調査用紙によるものを年に数回，同じものを実施します。作成は，進路指導主事（主任）とキャリア教育担当が中心になって行います。
　この他に，一つひとつの学習や活動については，一人ひとりの振り返りやガイダンスに活用するために，学習カルテ（学習の計画や過程・事実と感想程度のもの）などを作成し，感想などについては，生徒の変容を見るひとつとして参考にするなど，やらせっぱなしにならないようにする必要があります。

第1章　進路指導・キャリア教育に取り組む前に大切なこととは？

　さて，キャリア教育のねらいは，本来進路指導（生き方の指導）のなかで行われるべきものであったにも関わらず，進路指導のなかでは，漠然としたものとしてとらえられてきた生き方の根幹をなす重要な部分を，キャリア教育としてとらえ直すものであるといえます。そこで進路指導主事（主任）とキャリア教育担当が十分連携を図り，生き方の指導をすることが大切になってきます。

　従って，自校の進路指導の全体計画とキャリア教育の全体計画が十分関連が図られているか，その評価がどうなっているか，キャリア教育が何か別の新しい教育であるかのようなとらえ方をしていないか，などについて今一度，確認してください。

（志水卓郎）

2 キャリア教育を推進するための校内指導体制の整備

Question

キャリア教育をこれから推進していきたいのですが,どのように校内の指導体制を整備していけばよいでしょうか。

Answer

　生徒が将来社会で生きていくために必要な力を身につけさせることは学校の大きな使命です。キャリア教育の視点から見れば,学校のすべての教育活動は,そのために行われているととらえることもできます。生徒一人ひとりに社会的・職業的自立のために必要な能力・態度を身につけさせ,キャリア発達を促すためには,以下のような取り組みにより,学校教育全体をとおしてキャリア教育を推進し,基礎的・汎用的能力を育成していくことが大切です。

① キャリア教育を推進するための組織を校内に整備する。
② 教員全員が共通理解のもとに各教科・領域等における教育活動をキャリア教育の視点から見直す。
③ 評価と一体化した指導を系統的・計画的に全校をあげて実践するとともに,PDCAサイクルを確立して絶えず指導の改善を図る。

第1章　進路指導・キャリア教育に取り組む前に大切なこととは？

1．キャリア教育校内推進体制整備の手順
（図1：全体構想の例）

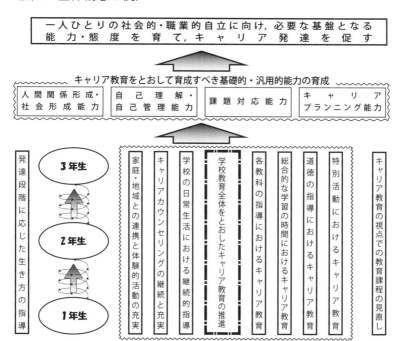

キャリア教育の校内推進体制を整備していくためには，以下のような手順で計画的に取り組みを実践していくことが必要です。（図2）

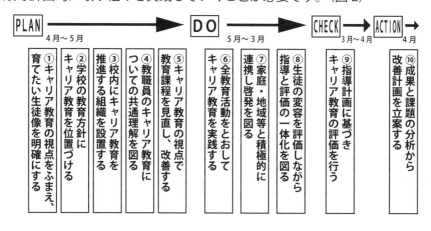

2．校内組織体制の整備・確立

キャリア教育の諸活動を円滑に実施していくためには，すべての教員が連携・協力して指導を進められるよう，組織を整備・確立し，組織の活性化のために絶えず評価・改善を図っていかなくてはなりません。

(図3)

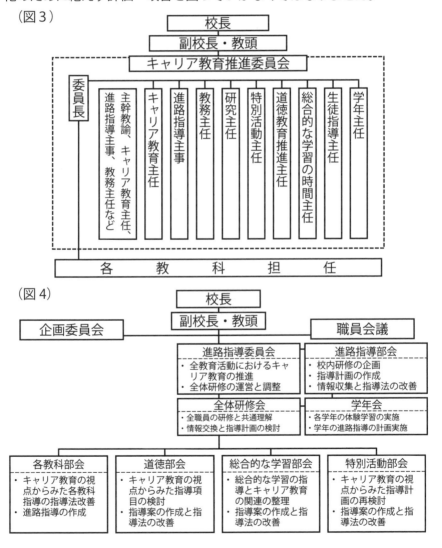

(図4)

校内組織・体制については，図3のような「キャリア教育推進委員会」を新たに設置し，各教科・領域等の連絡・調整を図って実践を進めることが考えられます。

　また，新たな組織を校内に設置せず，図4のように既存の校内組織を活用して，各分掌での教育活動をキャリア教育の視点で見直していく体制も考えられます。この場合，進路指導委員会がキャリア教育推進委員会となりますが，進路指導部を中心に各教科・領域部会，各学年会の間で縦・横の連携を密に図りながら具体的実践を推進することが大切です。

3．教員の共通理解と研修

　各学校が充実したキャリア教育の指導を実践していくためには，指導にあたる教員の共通理解と研修が不可欠です。指導体制づくりとあわせて校内研修の計画に教員の共通理解を図り認識を深める，つぎのような内容の研修を組み入れていきましょう。

> ① キャリア教育の意義や目的・目標
> ② キャリア教育で育成したい能力や態度
> ③ 教育課程における位置づけ，指導計画
> ④ 各教科等との関連，授業研究
> ⑤ 家庭や地域との効果的な連携
> ⑥ キャリアカウンセリングの内容・技法

(三上正明)

3 現行の学習指導要領における キャリア教育

Question

現行の学習指導要領には「キャリア教育」がどのように位置づけられていますか。また，どういう取り組みをすればよいでしょうか。

Answer

　平成24年4月から現行の学習指導要領に完全移行し，どの中学校でも実施されていることと思います。

　ただ，その内容は以前の学習指導要領よりも教科時数が増減したり，項目が追加されたりしているだけということはないでしょうか。

　学習指導要領の総則において，「進路指導」は「生徒が自らの生き方を考え主体的に進路を選択することができるよう，学校の教育活動全体をとおし，計画的，組織的な進路指導を行うこと」や「生徒が学校や学級での生活によりよく適応するとともに，現在および将来の生き方を考え行動する態度や能力を育成することができるよう，学校の教育活動全体をとおし，ガイダンスの機能の充実を図ること」と記されています。

　また，平成11年の中央教育審議会答申の「キャリア教育（中略）を（中略）実施する必要がある」から，平成20年の教育振興基本計画では「キャリア教育などをとおし，学習意欲を向上するとともに，学習習慣の確立を図る」と変更されています。

　これを受けて，平成23年3月に文部科学省から出された『中学校キャリア教育の手引き』や11月に配布された『キャリア教育を創る』には，

第 1 章　進路指導・キャリア教育に取り組む前に大切なこととは?

最初に取り組むべきこととして、つぎの 8 点が示されています。

1．学校や生徒の現状の把握

　日頃感じている生徒の特徴や生徒アンケート・学校評価などから、キャリア教育の視点で見た学校の現状をつかむということで、アンケート例も手引きに紹介されています。基礎的・汎用的能力を意識したアンケートにするとよいでしょう。

2．目指すべき生徒の姿の明確化

　生徒の現状や学校教育目標などから、どういう生徒に育てたいかというキャリア教育の目標を立てていきます。
　そのとき、基礎的・汎用的能力のなかでも中学生時に育てたい力に重点を置きます。

『中学校キャリア教育の手引き』文部科学省、平成 23 年 3 月

3．課題の設定

生徒の現状のなかで，課題となる点を明確にします。

4．全体計画，年間指導計画の作成

課題となった点を育てるための各校独自の指導計画を立てます。そのために，キャリア教育推進委員会等の組織を作り，学年ごとの重点目標や学年間の系統性・各教科等とのつながりを意識した計画にします。

5．キャリア教育の断片の意識化

実践にあたり，今までの学習内容を各教科で職業等に関する内容や育てたい力を高める学習方法・生活習慣に意識して取り組み，職場体験の見直しなどを行います。

6．整理された断片を体系的・系統的な指導へ

いろいろな取り組みをできたらそれに越したことはありませんが，時間的にも不可能であり，無理はよくありません。そこで，育てたい力に優先順位をつけ，焦点化したうえで，それらをつなぎ合わせて，系統的に指導します。

7．自校ならではのキャリア教育を目指す

学校によって，地域性や特徴があるので，他校と同じ内容にはなりません。また，基礎的・汎用的能力の4能力は中学生時にすべてを必要とす

第1章　進路指導・キャリア教育に取り組む前に大切なこととは？

『キャリア教育を創る―学校の特色を生かして実践するキャリア教育―』国立教育政策研究所生徒指導研究センター，平成23年11月

るものでもありません。よって，すべてを同じように取り組む必要もありません。なお，生徒個々の現状も違うので，キャリアカウンセリングなどをとおして，個別の働きかけが必要となります。

8．教育活動全体をとおした意図的な指導の実践

いろいろな場面（教科・道徳・総合的な学習・特別活動など）で，それらの特性を生かした実践が必要です。そのおりに，生徒が思いどおりに変容しないこともあるでしょうが，臨機応変に計画を修正して，実践していくことも必要です。

(小川敦史)

4 キャリア教育の計画の作成

Question

キャリア教育の計画の作成は
どのように行っていったらよいでしょうか。

Answer

　キャリア教育は，教科，道徳，特別活動，総合的な学習の時間など，学校の教育活動全体をとおして行うべきものです。従って，全体計画・年間指導計画の作成が必要になります。計画の作成はつぎのような手順で行うとよいでしょう。

1．はじめに自校の状況と課題をつかむ

　文部科学省・国立教育政策研究所生徒指導研究センター発行の資料『キャリア教育を創る』を活用しましょう。この資料は各中学校に配布され，国立教育政策研究所のウェブページで閲覧・ダウンロードもできます。資料のなかには【PDCAでみるキャリア教育推進状況チェックシート】があり，容易に自校のキャリア教育の状況と課題を把握できます。

2．全体計画の作成に向けて

『キャリア教育を創る』は，各学校のキャリア教育設計のためのガイドブックであり，全体計画の立案の仕方がわかりやすく書かれています。その流れは（1）実態をつかむ，（2）目標を立てる，（3）課題を設定する，（4）指導計画を作る，であり，（1）〜（3）のプロセスが特に重要です。詳細はつぎのとおりです。

（1）実態をつかむ

学校や生徒の現状を把握するため，面接や観察等の定性的な把握や，アンケート等の定量的な把握があります。定量的な把握の一例として，つぎのような質問紙調査を学年初めや学年末に行う方法があります。

A1	相手の話や意見をよく聞くことができる。	4 3 2 1
B1	自分のよさ（長所）や優れている面を述べることができる。	4 3 2 1
C1	学級・学年・学校などの問題点や課題を見つけたり，考えたりすることができる。	4 3 2 1
D1	今学んでいることや活動していることが将来につながることを理解している。	4 3 2 1
A2	自分の考えを他の人にわかりやすく伝えるようにしている。	4 3 2 1
B2	他の人と違う自分の個性や性格をあげることができる。	4 3 2 1
C2	課題解決のための対策や取り組む順序を考えていくことができる。	4 3 2 1
D2	人の生き方や人生に考えさせられたり感動したりしたことがある。	4 3 2 1

上の質問文に付されているA〜Dの記号は，A：人間関係形成・社会形成能力，B：自己理解・自己管理能力，C：課題対応能力，D：キャリアプランニング能力に関わる質問であることを示しています。この調査は，キ

ャリア教育で育成すべき力である基礎的・汎用的能力の状況を測定しようとするものです。結果は数値で出るので、自校の生徒はどの能力が高く、どの能力が低いかを把握・推測することが可能になります。

（2）目標を立てる

　キャリア教育の目標を明確にするために、学校教育目標や生徒の実態，教員や保護者の願いなど内部からの視点と、社会の要請，基礎的・汎用的能力，都道府県や市区町村の方針，地域からの期待など外部からの視点により、各学校独自の目標を設定していきます。目標は目指すべき生徒の姿を言語化（文章化）していきます。それは卒業時点での望ましい状態を想定して記述・表現し、生徒がそれをできるようになったかどうか、後で検証が可能なようにしておきます。例えば「周りの人たちに声かけや働きかけを行い、リーダーシップをとれる」などが考えられます。

（3）課題を設定する

　（1）「生徒の実態【現状】」と（2）「目指すべき生徒の姿【目標】」との差（ギャップ）が（3）「課題」となります。この差を埋めるべく、（4）の「指導計画（全体計画，年間指導計画）の作成」につなげていきます。

　また、（1）の質問紙調査で得られた生徒の実態から、特に低い能力に着目し、その能力を強化すべく指導計画を作成します。

（4）指導計画を作る

① 全体計画の作成

　全体計画の書式例は、『中学校キャリア教育の手引き』（文部科学省，平成23年3月）p.67や文部科学省・国立教育政策研究所の『キャリア発達にかかわる諸能力の育成に関する調査研究報告書』（平成23年3月）p.53に掲載されています。前者は一般的な書式です。後者は前者とはパターンが異なり、PDCAサイクルにもとづいた全体計画の書式となっています。

　全体計画に盛り込むべき内容としては、生徒の実態，保護者や地域の実態・願い，教員の願い，学校課題や重点目標，キャリア教育の全体目標，

第1章　進路指導・キャリア教育に取り組む前に大切なこととは？

各学年の重点目標，学校全体および各学年で身につけさせたい能力や態度（基礎的・汎用的能力との関係），各教科・道徳・特別活動・総合的な学習の時間におけるキャリア教育の内容と方法の方向性・概略，キャリア教育の成果に関する評価などがあげられます。

② 年間指導計画の作成

　年間指導計画作成のガイドブックとして，文部科学省・国立教育政策研究所の『キャリア教育をデザインする－小・中・高等学校における年間指導計画作成のために－』（平成24年8月）があります。この資料は，福祉教育や食育など学校に求められている，いわゆる「○○教育」に加え，さらにキャリア教育までもしなければならないのかという教員の負担感を軽減すべく作成された面もあろうかと思います。キャリア教育は包括的・総合的な内容の教育なので，○○教育とキャリア教育との共通部分を見出し，キャリア教育として不十分な部分は，他の教育活動と関連づけながら補っていけばよいことなどが書かれています。○○教育が盛んな学校でなくても，各教科，道徳，特別活動，総合的な学習の時間などの内容や方法のなかから基礎的・汎用的能力に関連の深いものを洗い出す作業が必要です。よって，特に年間指導計画の作成は全校的な取り組みが重要で，みんなで創り上げていくキャリア教育のはじめの活動となります。

（小林正晃）

5 キャリア教育の目標設定

Question

キャリア教育に取り組むにあたって,大切なポイントは何でしょうか。

Answer

　キャリア教育の全体計画を立てる際に,おさえるべきポイントを,国立教育政策研究所が発行している『キャリア発達にかかわる諸能力の育成に関する調査研究報告書』などを参考にして説明していきます。

1. 目指すべき児童生徒の姿（目標）の明確化

　経営理念が学校ごとに異なっているように,キャリア教育の目標も学校理念や児童生徒の実情,地域の状況に応じて異なります。そのため目標はつぎのような2つの視点を踏まえ,設定することが望まれます。

(1) 内部統合の視点

　キャリア教育は,一人ひとりのキャリア発達や個としての自立を促す観点から,従来の学校教育のあり方を幅広く見直し,改善していくための理念と方向性を示すものです。つまり,元来その一部は学校教育のなかで目指してきたものであるということができます。

　そのため,目標については新たな切り口を用いて設定するものではなく,

既存の学校教育目標や経営目標などの目指す理念や方向性をもとに検討することが重要です。ベースとなる理念が明らかになったら，つぎは現在の子どもたちの状況や教員・保護者の願いの検討を行います。これは，学校の理念は創立以来変わっていなかったとしても，子どもたちの課題は生育環境によって異なると考えられるからです。

このように第一の視点としては，学校経営理念・学校教育目標をベースにしながら，児童生徒の実態，教員や保護者の願いを学校内部の情報として整理する視点が必要です。

（2）外部環境の視点

従来の学校においては，往々にして教員自身の問題意識やこうあってほしいと願う児童生徒の姿をもとに「目指す生徒像」が設定され，目標とされてきました。しかし，キャリア教育は，学校から社会への円滑な移行を目指しています。そのため，「目指す姿」は教員の願いだけでなく社会からの要請も考慮される必要があります。子どもたちの社会的・職業的自立に向けて基礎的・汎用的能力が示された背景には，社会からの要請を学校の教育目標に取り入れていこうという背景があります。これらの能力は，社会で必要とされる力として，各校のキャリア教育目標の作成時に取り入れることが求められます。

（3）目指すべき児童生徒の姿（目標）の作成

「内部統合の視点」および「外部環境の視点」について自校の素材が集まったら，つぎに児童生徒の目指す姿を言語化します。その際は，以下の点に留意したいところです。

① 目標は「児童生徒の目指す姿」として卒業時点の状態を想定して表現されている。
② 内部統合の視点（学校教育目標・実態・教員や保護者の願い）が含まれている。
③ 外部環境の視点（育成すべき基礎的・汎用的能力の視点）が含まれている。
④ 児童生徒ができるようになったかどうか（アウトカムの視点）で言語化されており，検証が可能である。

（4）目標の共有

キャリア教育が無数の「断片」の提供にとどまっていたり，場面間につながりがなかったりと教育活動全体をとおした取り組みにならないという課題は，多くの学校で聞かれています。

また，教員によるキャリア教育の目的のとらえ方や認識の差が，児童生徒への支援の差となっているケースもあります。学校の教育活動全体をとおしてキャリア教育を推進するためには，校長がキャリア教育の意義を十分に認識し，キャリア教育を学校経営計画の中核に据えることが求められます。

目標の設定や共有は，教員が子どもたちへの願いを言語化し，教員間で共有する絶好の機会であるととらえることもできます。児童生徒の実態や目指す児童生徒像を議論する場を校内研修として設けるなどし，目の前の学習活動が，基礎的・汎用的能力のどの部分を担い，他のどの学習活動とつながっていくのか，そういった視点を教員がもち，子どもたちに自覚させていくことで教育活動全体をとおしたキャリア教育は起動するものです。

2．全体計画の作成

目標と現状との間に存在する課題を明らかにしたら，つぎはそのギャップから導き出された課題を達成するための全体計画を作成します。

平成○年度　キャリア教育全体計画（例）

内部統合の視点	キャリア教育目標	外部環境の視点

学年ごとの目標		
1年生	2年生	3年生
基礎的・汎用的能力を参考にしつつ設定 ○○ができている／○○ができそうだと思える		

各教科等における指導内容						
各教科	道徳	総合的な学習の時間	特別活動			その他の教育活動
			学級活動	学校行事	生徒会活動	
生徒の課題やニーズに応じた重点化された指導のねらい						

キャリア教育の評価方法
アウトプット評価とアウトカム評価の具体的方策の提示

改善策の検討方法
「何を」「いつまでに」「どんな方法で」「どの程度改善するか」

年間指導計画の作成の際は，文部科学省・国立教育政策研究所の『キャリア教育をデザインする－小・中・高等学校における年間指導計画作成のために－』も参考にしていただきたいと思います。

（小川敦史）

6 キャリア教育の教育課程への位置づけ

Question

キャリア教育は今までの活動に新たな活動を追加する必要があるのでしょうか。

Answer

　結論からいうと，新たな活動を追加する必要はありません。ただし，今までの活動を見直して，整理し，方法を工夫しなければなりません。
　学校全体でキャリア教育を推進するためには，中学校段階の発達課題を解決できるような取り組みを展開する必要があり，キャリア教育の全体計画やそれを具体化した年間指導計画を作成することが大切です。

1．育成すべき能力や態度の明確化

　全体計画を立案するにあたって，自校の生徒に身につけさせたい能力や態度などを，どのような教育内容や方法で育成するのかを明確化しなければなりません。
　例えば，連続した5日間の職場体験活動を2年生で実施する場合，それを一過性のイベントにしないために，事前指導・事後指導を行うという実践がすでに多くの学校で見られます。直前に「体験内容の調査や事前訪問」を実施して「マナーや緊急対応などに関することを確認」し，後には「職場体験の記録のまとめ」や「職場体験報告会」を実施するなど，多様な取

り組みがなされています。しかし，ここにあげたような「直前の準備」にとどまる事前指導や，「直後の指導」にとどまる事後指導のみでは，キャリア教育の一環としての職場体験活動に期待される効果を十分に得ることは難しいでしょう。

職場体験活動をとおして育成しようとする能力や態度，体験をとおして深めようとする生徒たちの認識などについて教員間の共通理解を図り，それにもとづいた具体的なねらいを設定して，その達成を図るための系統的な事前指導や事後指導が不可欠です。

例えば，1年生における職業調べや職業人を招いての講話などで培った生徒の理解や認識を基盤としつつ，職場体験活動ではどの部分に焦点を当てるのかについて教員間で十分に協議します。

そして，職業調べにも職場体験学習の事前指導の側面をもたせ，それを生徒にも明確に伝えて取り組ませることなどが考えられます。

また，3年生では，自分なりの将来像を実現するために何をすべきかを考えさせ，職場体験活動での学びを，自分の将来に向けての学習の意欲づけや進路決定に生かせるよう，支援するための取り組みを考えることなどが必要となります。

このように，キャリア教育をとおして育成すべき能力や態度などをどのような内容や方法によって身につけさせようとするのかを系統的に計画し，それを教育課程に位置づけていくことが大切なのです。

2．年間指導計画作成の手順

　年間指導計画作成の手順は，

① 各学校の生徒の学年などに応じた能力や態度の目標を決定する。
② キャリア教育の全体計画で設定したそれぞれの能力や態度の目標にもとづき，各学校の年間行事予定，学年別の年間指導計画に記載する内容を検討する。
③ 各教科，道徳，総合的な学習の時間，特別活動および学級や学年の取り組みなどを相互に関連づけた指導計画を作成する。
④ それぞれの能力や態度の到達目標に応じた評価の視点を設定し，明確化する。

　この際，今まで行ってきたさまざまな活動をキャリア教育の視点から振り返り，すでにある「宝」を洗い出し，年間指導計画を作り直していきます。そのやり方は，以下のとおりです。

（1）洗い出す
　まず，今まであった「○○教育」の取り組みを振り返って，「基礎的・汎用的能力」のうち，どの力の向上に役立っているかを洗い出してみます。つぎに，教育活動全体についても同様に洗い出しをします。

（2）つなぐ
　洗い出された「宝」をつないで，体系的・系統的な指導にします。

第1章　進路指導・キャリア教育に取り組む前に大切なこととは？

（3）検討する

　大きな流れが決まったら，その年間指導計画が，実際に無理なく活用できる計画になっているか，検討します。その際に，注意する点はつぎのとおりです。

① 学年ごとの重点目標が設定されているか。
② 学校の教育活動全体をとおしたつながりをもった計画となっているか。
③ 「宝をつなぐ」だけでは不十分な部分を補う教育活動が付加されているか。
④ それぞれの教育活動の目標は明確になっているか。
⑤ 学年間の系統性が確保され，基礎的・汎用的能力が十分に育まれるものになっているか。
⑥ 実践を評価するための手立てや改善の方策は明示されているか。

　こうして作成した年間指導計画については，教員や保護者，地域が共通理解をもち，連携していくことが大切です。

（小川敦史）

7 キャリア教育において重視すべき教育内容や方法

Question

キャリア教育を教育課程に位置づけましたが，そのなかでどういうことに取り組めばよいでしょうか。

Answer

　各学年における年間指導計画は，各発達段階における能力や態度の到達目標を具体的に設定するなど，全体計画を具現化するものです。各教科，道徳，総合的な学習の時間および特別活動の中学校学習指導要領におけるキャリア教育に関する事項を確認し，相互の関連性や系統性に留意し，有機的に関連づけ，発達段階に応じた教育活動を展開する必要があります。また，これらの指導計画は各学校の教育課程に適切に位置づけられるべきものです。

　年間指導計画に盛り込む要素としては，学年・実施時期・予定時数・単元名・各単元における主な学習活動・評価などが考えられます。生徒の学習経験や発達段階を考慮するとともに，季節や学校行事などの活動時期を生かし，各教科等との関連を見とおして計画する必要があります。

1．総合的な学習の時間

　各学校で教育課程に位置づけられた教育内容はさまざまですが，キャリア教育の中心となる学習活動は，総合的な学習の時間に多く見られます。

第1章　進路指導・キャリア教育に取り組む前に大切なこととは？

　総合的な学習の時間の年間指導計画の作成にあたっては，学校行事や各教科等の学習に配慮することが大切です。また，学校が位置している地域の地理や気候風土などの自然事象に関わる特色，産業や公共施設などの社会事象に関わる特色，地域の年中行事や歴史などの地域文化に関わる特色など，総合的な学習の時間を有意義なものとする地域素材を十分に吟味して作成するとともに，問題の解決や探究活動となるよう計画することが肝要です。

　特にキャリア教育との関連においては，「自己の生き方を考えることができるようにすること」を重点に置きます。職業や進路に関する調査や話し合い，地域での職場体験活動などをとおして，生徒が自己の生き方を具体的，実際的なものとして考えることができるよう，キャリア教育との関わりを明確にすることが望まれます。

2．職場体験活動

　現行の学習指導要領の「第4章 総合的な学習の時間」には中学校の学習活動の例として「職業や自己の将来に関する学習活動」が示されています。また，「職場体験活動」などの学習活動を積極的に取り入れることが示されており，社会的・職業的自立に向けたキャリア発達を促す教育であるキャリア教育と深く関わっています。

　さらに，職業や自己の将来に関する学習活動を行う際には，探究活動をとおして，自己理解や将来の生き方を考えるなどの学習活動が行われるよ

うにすることが求められています。こうした学習を行うことによって，社会的・職業的自立に向けて必要な基盤となる能力や態度の育成を図ることができると考えられます。

　職場体験のねらいは，各学校の状況によってさまざまです。そのねらいを基盤として，学校の教育活動への位置づけ（実施学年，日程等），地域性（体験先との連携等），事前・事後指導を考慮し，実施計画を立案することが重要です。

3．事前・事後指導の重要性

　また，職場体験活動を一過性のもので終わらせるのではなく，将来の夢や職業，働くことなど，自分の生き方について考えることができるよう，キャリア発達を促進するという視点から3年間を見とおした系統的な実施計画を立て，実践していくことが望まれます。

　職場体験活動の事前指導では，特に生徒がその意義やねらいを十分に理解し，自分なりに目標をもって臨むことができるように指導することが大切です。事前指導は事前学習と事前準備（直前の準備）とに分けて考えら

第1章　進路指導・キャリア教育に取り組む前に大切なこととは？

れます。事前学習では，職場体験のねらいを明確にし，自己の課題を発見することが重要です。また，事前学習において事後の学習の内容を理解しておくことも大切です。事後指導では，生徒にとってお互いの体験が共有できるようにしたり，働くことの意義などを振り返り，再考し，明確化できるようにしたりして，指導内容・方法を工夫して進めることが重要ですが，それら事後の指導を充実させようとしても，事前学習が浅ければ，事後指導も浅くならざるを得ず，その後の学習へのインパクトも小さくなってしまいます。このことから，事前学習を充実させることが職場体験活動の充実につながるとともに，キャリア教育の取り組み全体の充実につながっていくといえます。

　職場体験活動を実施した効果としては，職業観・勤労観の芽生えによる職業や働くことへの関心が高まったことや，前向きに自己の将来を設計することができること，自らの意志と責任による進路選択ができること，積極的に人間関係を形成しようとする雰囲気が高まったことなどがあげられています。これらの効果は，職場体験実施期間中だけではなく，事前・事後における指導の充実により得られるものです。

（小川敦史）

8 基礎的・汎用的能力の育成

Question

いわゆる「4領域8能力」と，新しい考え方はどう違うのでしょうか。

Answer

　キャリア教育の「4領域8能力」というものは，平成14年に国立教育政策研究所生徒指導研究センターが発表した「職業観・勤労観を育む学習プログラムの枠組み開発」のための研究結果のひとつのモデル「例」として取りあげられたものでした。この「4領域8能力」は，他国の例を参考にしながら日本の学校に合うように検討され，当初12能力であったものが，さらにつぎのように整理されました。

人間関係形成能力	自他の理解能力
	コミュニケーション能力
情報活用能力	情報収集・探索能力
	職業理解能力
将来設計能力	役割把握・認識能力
	計画実行能力
意思決定能力	選択能力
	課題解決能力

第1章　進路指導・キャリア教育に取り組む前に大切なこととは？

　この「4領域8能力」が，キャリア教育の普及とともに，「例」を省略して呼ばれるようになり，つぎのような課題も指摘されました。

① 高校までの想定のため，生涯をとおして育成される能力としては不足している。
② それぞれの学校が独自に育てる能力を考えるための「例」にも関わらず，固定的に使われている。
③ 各能力の内容がよく理解されず，その名前の印象に依拠され，誤解されている。

「キャリア発達にかかわる諸能力（例）」と「基礎的・汎用的能力」の関係（イメージ）

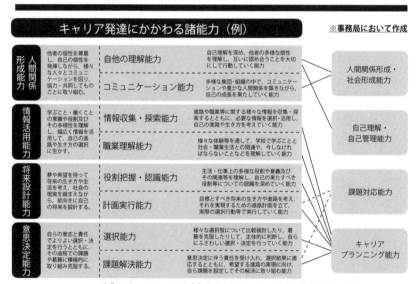

平成22年5月17日　中央教育審議会　キャリア教育・職業教育特別部会
「今後の学校におけるキャリア教育・職業教育の在り方について（第二次審議経過報告）」

　そこで，その課題を克服するため，平成23年に中央教育審議会が再構成し，忍耐力やストレスマネジメントなどの自己管理の側面も重視して，提示したものが「基礎的・汎用的能力」です。

「基礎的・汎用的能力」とは、つぎの4つの能力によって構成されます。

① 人間関係形成・社会形成能力
② 自己理解・自己管理能力
③ 課題対応能力
④ キャリアプランニング能力

ただし、これらの能力はそれぞれ独立したものではなく、相互に関連・依存した関係にあります。そのため、特に順序があるものではなく、また、これらの能力をすべての者が同じ程度あるいは均一に身につけることを求めるものではありません。

これらの能力をどのようなまとまりで、どの程度身につけさせるかは、学校や地域の特色、子どもの発達段階に応じて異なります。各学校においては、この4つの能力を参考にしつつ、それぞれの学校の課題と、現行の学習指導要領を踏まえて具体的な能力を設定し、工夫された教育をとおして達成することが望まれます。

これらの能力は、現行の学習指導要領のもとになった学校教育法における「職業についての基礎的な知識と技能、勤労を重んずる態度および個性に応じて将来の進路を選択する能力を養うこと」に由来しています。

「基礎的・汎用的能力」への転換のため、その指標となる国立教育政策研究所のパンフレット『キャリア教育を創る』が、各学校に配布されています。

第1章　進路指導・キャリア教育に取り組む前に大切なこととは？

　そこで，各学校では自校のキャリア教育の取り組みを振り返り，前記のような課題，特に学校や地域の実情や生徒の実態を踏まえて育成しようとする能力を定めてきたかという課題に陥っていないかを点検することからスタートしなければなりません。

　4つの能力については，つぎのように含まれる要素の例が示されています。

人間関係形成・ 社会形成能力	他者の個性を理解する能力
	他者に働きかける能力
	コミュニケーションスキル
	チームワーク
	リーダーシップ
自己理解・ 自己管理能力	自己の役割の理解
	前向きに考える力
	自己の動機づけ
	忍耐力
	ストレスマネジメント
	主体的行動
課題対応能力	情報の理解・選択・処理等
	本質の理解
	原因の追究
	課題発見
	計画立案
	実行力
	評価・改善
キャリア プランニング能力	学ぶこと・働くことの意義や役割の理解
	多様性の理解
	将来設計
	選択
	行動・改善

　各学校が独自に育成したい能力を設定するために，キャリア教育の視点にもとづいたアンケート等をとおして生徒の実態を知る例が，文部科学省から発行されている手引きに示されています。参考にしてください。

（小川敦史）

COLUMN-こらむ-
～キャリア教育とリカレント教育～

「リカレント教育（循環教育，recurrent education）」という言葉をご存じでしょうか？

平成4年の生涯学習審議会『今後の社会の動向に対応した生涯学習の振興方策について（答申）』によると，リカレント教育とは「昭和四八年のOECD報告書『リカレント教育―生涯学習のための戦略―』で広く提唱されたもので，青少年期という人生の初期に集中していた教育を，個人の全生涯にわたって，労働，余暇などの他の諸活動と交互に行う形で分散させるものであり，いわゆる正規の教育制度とあらゆる種類の成人教育施策を統合する教育システムの確立を目指す理念であるとされている」とあります。

日本では，「一般的に，『リカレント教育』を諸外国より広くとらえ，働きながら学ぶ場合，心の豊かさや生きがいのために学ぶ場合，学校以外の場で学ぶ場合もこれに含めている（この意味では成人の学習活動の全体に近い）」とされています。（文部省『平成7年度我が国の文教施策』）

「個人の全生涯にわたって」という文言からわかるように，リカレント教育は生涯学習の一環として考えられていました。キャリア教育もまた「生涯にわたって学び続ける意欲」（『中学校キャリア教育の手引き』文部科学省，平成23年3月）を育てる点で，生涯学習とのつながりが深い教育です。
社会に出た後も学習し続けられる教育を目指すリカレント教育の理念が日本に浸透し，その姿勢を学校教育の段階から育てようというキャリア教育の理念が生まれる地盤となったのかもしれません。

現在も，一部の大学ではリカレント課程が置かれていたり，社会人向けに大学オープン講座が開かれたりするなど，リカレント教育を受ける機会が各所で設けられています。

第2章

学級や学年の視点から見たポイントとは？

1 進路計画の意義と立案

Question

進路学習の題材に進路計画の作成がありますが，進路計画の作成にはどのような意義があるのでしょうか。また，進路計画を立案するときに，どのような内容を含めればよいのでしょうか。

Answer

1．進路計画の意義について

（1）進路計画を考えるにあたって

　進路の決定に向けて，自己の将来を見据えたライフデザイン，キャリアデザインの構築が必要となります。早い時期から職業への理解を深め，将来の目標を設定し，自分の能力・適性等を分析して進路を決定できる力を養うために，進路学習のなかで「将来をデザインする」というような題材名で進路計画を立案し，ライフデザインを考える取り組みをすることがあります。

　このように生徒が，職業理解と自己の適性を踏まえて，人の生き方について，その多様性を理解することは，自己の将来の生き方を考えていくときに不可欠です。

（2）進路計画が必要な理由

　進路学習における学習計画や人生設計に関しては，現行の学習指導要領・特別活動編の学級活動の内容「(3) 学業と進路」のなかに「オ 主体的な

第2章　学級や学年の視点から見たポイントとは？

進路選択と将来設計」として解説されています。ここでは，社会の変革に伴う産業構造・就業構造の変化，企業の雇用慣行等が変化するなかで，人生において何回もの進路の選択を迫られるようになっている現状をあげ，このような変化を視野に入れながら，自分の将来の生き方や生活について夢や希望をもつことができるよう，また，それを実現するための進路計画を立て，自らの意志と責任で生き方や進路を選択することが必要だとしています。さらに，生徒が将来の生活を具体的に描いてみることで，進路計画の実現を目指して，卒業後の進路選択の問題を自分自身の課題として受け止め，自ら解決するために，何を知り，どのように考え，いかに行動すべきかを検討することでキャリアプランニング能力の育成を目指します。

2．進路計画の立案について

（1）どのような内容にすべきか

　前述の学習指導要領の「主体的な進路選択と将来設計」では，具体的な例として，「自分の夢や希望，人生と生きがい，30年後の私などについて題材を設定し，地域の職業人や福祉団体関係者の講話と感想文の作成，発表，話合いといった活動の展開，ライフプランの作成や進路計画を立案し，発表する活動の展開などが考えられる」と述べています。

　進路計画は長期と短期の計画に分けることができます。長期の計画としては，数十年先をも視野に入れた将来の自己実現を目指したライフプランがあり，短期の計画としては，長期的な計画の実現に向けて，数年以内の計画と卒業時の進路を選択・決定していくための準備計画をあげることができます。当然，

長期的な計画については、就職・結婚・家族構成・退職後の生活も含めて不確定な部分を考えさせることが多くなり、「夢」を語る要素も多く含まれます。

また、どの学年で実施するかでも内容は変わってきます。1年生で実施する場合は、職業に関する学習と関連させて、自分の将来の生活や職業に対して抱いていた夢や希望を語らせ、将来に向けて実現していこうとする意欲を育てる内容になります。3年生で実施する場合は、職場体験などを経験し、具体的な進路選択も考え始めた段階なので、短期的な部分については、より明瞭に将来を語ることができます。

計画を作成するときには、学校生活に計画性をもたせることから始め、ライフプランを立てることによって自己の将来像を設定し、その具現化に向けた卒業後の具体的な進路を選択・決定していくための進路計画を考えさせます。

例えば、3年生で進学を前提とした進路計画を作成する手順としては、つぎのようなものが考えられます。

① 上級学校入学（就職）の動機・目的を考える。
② 上級学校（就職）での生活の目標や課題をあげる。
③ 中学校卒業までの学習計画を立てる。
④ ライフプランを立てる。
　　・生涯設計
　　・30代までのプラン（特に、高校卒業後の進学先および志望学部等や志望職種を考える）
⑤ ライフプランの実現に向けた課題を考える。

第2章　学級や学年の視点から見たポイントとは？

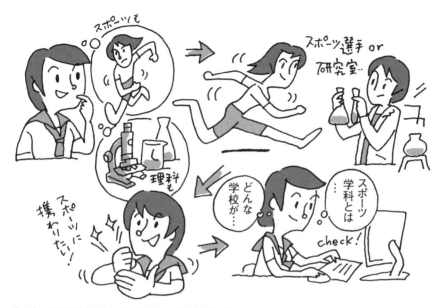

（2）進路計画の作成上の留意事項

　進路計画を作成するためには，生徒自身が職業，希望進路先など，必要な情報を集め検討していくことが大切になります。収集する情報や検討する項目にはつぎのようなものが考えられます。

① 【自己理解】興味・関心，能力・適性など，自分の個性についての理解。
② 【職業理解】職種，仕事の内容，資格・免許など職業に関わる情報収集。
③ 【自分の生き方を考える】働く・学ぶ意義や目的の考察，大切にしたい価値や生き方についての検討。
④ 【進路先調べ】卒業生等の進路先における生活などの情報を集め，その後の進路先情報も収集し検討。

　以上の点に留意し，進路計画を作成します。可能ならば継続的に進路計画を活用し，中学校卒業までの部分については達成状況を評価し，見直し，修正していくことが大切になります。

(齋藤淳)

2 学級活動における職業観・勤労観の育成

Question

自らの進路を切り拓いていくための力を
育てるためによりよい職業観・勤労観を身につけさせる
必要があると思いますが，学級担任として
具体的にどう取り組めばよいでしょうか。

Answer

　学級担任として目の前にいる生徒たちに，よりよい進路実現を図るために自ら進路を切り拓いていくための主体的・実践的な態度を身につけさせることが大切になります。そのためには，よりよい職業観・勤労観を身につけさせなければなりません。

　しかし，社会の変化によって，それらを身につけるための経験が不足していることが何年も前からいわれ続け，さまざまな取り組みが行われてきました。いずれもその時々に効果的な取り組みがなされ，それぞれの学校で実践研究が進められてきたと思います。

　これらの取り組みを工夫改善することはもちろんですが，毎日繰り返される学校生活の基盤はなんといっても学級です。従って，日常の学級生活のなかに，よりよい職業観・勤労観の育成につながるような取り組みを意図的に取り入れることが，自らの進路を切り拓いていくための自主的・実践的な態度を身につけさせるうえでの重要なポイントになります。

第2章 学級や学年の視点から見たポイントとは？

1．一人ひとりの役割分担からつなげる方法

　具体的には，学級のなかでの生徒一人ひとりの役割分担や専門部（委員会）の活動などにおいて，それぞれの役割等から，その意義や意味を理解することにより，よりよい職業観につなげたり，自分の役割が学級のためになっていることの理解などからくる自己有用感や自己肯定感をとおして，勤労観につなげたりすることがポイントになります。

　例えば，生徒の一人一役の取り組みにおいて，自分以外の生徒の役割について，帰りの会で相互評価をさせます。できれば全員の役割について毎日できるとよいですが，現実的ではないので，グループ活動を取り入れ，グループ内で相互評価をさせたり，1日に評価する役割を絞って全員に評価させたりします。

　また，一人一役の取り組みを行っていない場合は，日直や週番などの当番の役割を学級の生徒が評価します。これらの場合，評価される生徒から

それぞれの役割や当番についての反省を発表してもらってから，評価をすることが大切です。つまり，自分の役割や当番について自己評価と他者からの評価をとおして，自分の役割や当番の意義や意味を理解し，次回やつぎの日への改善・意欲につながる向上心が芽生えます。また，自分は学級のためになっているといった自己有用感，役割や当番を自分なりに果たすことができた，またはできているという自己肯定感，さらに，与えられた役割は，責任をもって果たさなくてはならないといった責任感の向上などにつながります。

同時に，他者の役割や当番を評価することで，役割や当番に対する理解が深まります。「自分も責任をもって果たしたい」「自分にもできる」「できるのではないか」「学級のために自分は何ができるのか」など，毎日継続することで，他の当番を意識して観察し，役割や当番の意義や意味などを考え，よりよい職業観・勤労観を育成することにつながります。

2．専門部（委員会）を会社に見立てる方法

この他に，学級の専門部（委員会）を一つひとつの会社に見立て，学級生活で必要な内容を運営させます。ただし，生徒は，まだ発達の途上にあるので，生徒の思いつくまま自由にさせるのではなく，企画の段階で，必ず学級担任が関わり，少なくとも「何を目的に」「だれのために」「どんなことを」，また「学校生活のきまりを守っているか」など，事前に企画するうえでのルールを理解させ，チェックやアドバイスをする必要があります。

この取り組みからは，ある一定の枠組みのなかで，生徒自身の発想や工夫が生かされ，生徒自身がよりよい学級を作り上げているといった充実感を味わい，主体的な活動を促すことができます。また，グループ内で協力することや役割分担をすることで，何かを運営するうえでは，一人ひとりが自分の役割に責任をもって働くことが大切であることやさまざまな役割が必要になり，それぞれが連携してひとつのものができあがることなどを理解します。

第2章 学級や学年の視点から見たポイントとは？

　また，学級の仲間からの評価（反応）によって，自己肯定感や自己有用感，さらに工夫改善して，よりよいものにしたいといった向上心などが培われます。さらに，定期的に自己評価やグループ評価を行うことで，よりその効果があがります。

　他にも見直してみれば，毎日の学校生活のなかに生徒の職業観・勤労観を育成する活動はあります。学校生活にはきまりがあり，そのきまりに従って活動することを事前に十分理解させたうえで，これまでさせてきた活動を生徒自身に任せてみるのです。学校生活や学級生活をとおして疑似社会を経験させることで，よりよい職業観・勤労観が育成され，自らの進路を切り拓いていくための力を育てることにつながります。

（志水卓郎）

3 自己理解を図るための指導と学級担任の役割

Question

生徒が自己理解を図るために
学級担任としてどのように指導すれば
よいでしょうか。

Answer

　生徒の自己理解を図るには，教員や保護者，友だちなど周りの助言や示唆による場合と，生徒自身が自己分析をする方法があります。

1．教員や保護者，友だちなど周りの助言や示唆による場合

　教員や保護者，友だちなど周りの助言や示唆による場合では，学級での役割を学級のなかで相互に評価する取り組みを継続的に行うことが効果的です。特に中学生の時期には，自己を客観的に見る力に差があったり，客観的に見ることができるまでに成長していない場合もあったりします。従って，友だちや周りからの評価や助言などは，自己を映し出す鏡であり，客観的に自己を見つめるのに効果的な方法です。
　友だちや周りからの評価や助言によって行う場合の留意点は，改善すべき点等については，いじめなどにつながる可能性もあるので評価や助言に扱わないように配慮してください。その点については自己分析をするための調査やアンケートなどから，自分自身で自己分析をし，自己理解を図れるようにします。

第2章 学級や学年の視点から見たポイントとは？

　具体的には，教員からの評価や助言については定期教育相談，チャンス相談，呼出し相談などや連絡ノートなどを使って，生徒の観察や調査結果，会話などをもとに助言や示唆を行います。

　保護者からの場合は，保護者の思いや期待だけに偏らないように配慮する必要があります。生徒のことを一番理解し，わかっているのは保護者ですが，保護者の思いや期待が強すぎて，生徒の意思を無視した形での助言や示唆になることがまれにあります。そこで学級担任として，保護者の思いや期待を十分理解し，保護者と学級担任が連携しながら助言や示唆ができるようにすることが大切です。そのためにも積極的に学校での様子などを伝えたり，相談をする機会を作ったりするようにしましょう。家庭訪問やPTA，三者相談だけでなく，保護者との二者相談，電話やメール，手紙等を使って連携を十分図ることも大切です。

　学級の友だちなどの場合には，学級活動を中心に，お互いの特徴を出し合ったり，評価し合ったりする時間を定期的に設け，毎回同じ人にならないように配慮します。先述したように，改善すべき点や欠点をあら探す

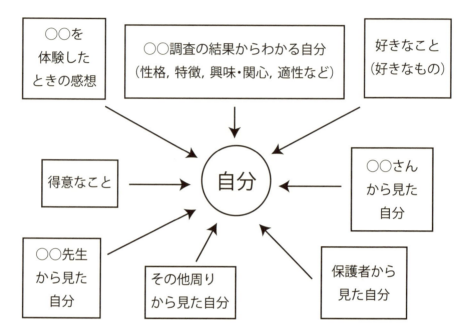

るようなものにならないように十分指導をして行いましょう。これは，自己を理解するばかりでなく，学級の相互理解を深めることにもつながり，学級の仲間づくりにも効果が期待できます。

　これらの教員や保護者，友だちなど周りからの助言や示唆などは，1ページにまとめられるように記録をし，それぞれの助言や示唆が総合的に見やすくなる工夫をしたいところです。

2．生徒自身が自己分析をする方法

　一方，自己理解を深めるための調査等の結果や，自分自身の興味・関心，言動を振り返ることのできるような記録等をもとに，自己を分析することに取り組ませることも大切です。特に調査等の結果は，客観的に分析するための資料としては最も有効であり，生徒自身が認識していない部分まで，分析することのできる調査等もあるので，是非活用してください。

　そして，これらのさまざまな結果や記録をもとに上図のような表を使っ

第 2 章　学級や学年の視点から見たポイントとは？

て，より効果的に自己分析ができるようにします。

　また自己分析をするには，自己分析の項目や方法，時期などを，進路情報に関わる学習や啓発的な体験学習などと的確に関連づけたり，同じ項目や方法で定期的に繰り返し計画したりする必要があります。

　そして，1年生から継続して使える自己分析表などを作成し，定期的に自己分析を行う方法や習慣を身につけさせることと，この自己分析表をもとに生徒と話し合う機会を設けたり，助言等をしたりすることが大切です。

（志水卓郎）

4 進路（進学）希望の検討

Question

3年生で行う第1回進路（進学）希望調査では，成績から妥当と思われる高校をとりあえず記入しておくという生徒がよくいます。自分に合った進学先をしっかりと見つめさせ，検討させるにはどうすればよいでしょうか。

Answer

　キャリア教育を推進し，生き方をしっかり見つめさせてきたはずなのに，いざ3年生で進路先を決めようとすると，生徒も保護者も，学力だけで受験する高校を決めるといったケースは多く見られます。

　現実的には，学力が合否に関わるのですからやむを得ない部分もありますが，そこにたどり着くまでの過程がその後の生徒の目的意識や意欲に影響していきます。そこで，進路（進学）希望を検討し，最終決定していく学習について紹介していきます。

1．進路決定までの流れの重視

　「進路」とは，文字どおり「進む路」。義務教育を終えた後，進むべき路を選択していくのが「進路選択」です。わかりきったことですが，「入れる学校」を決めることではありません。しかし，2年生までに自己理解や職業理解についての学習を積み重ねてきても，実際に3年生になると，「自分の実力で入れる高校」「少しでもレベルの高い高校」という視点だけで高校選びをしてしまう生徒が多く見られます。ともすると，塾に薦められ，

実際に見学もしたことのない高校を選んで記入してくる生徒もいます。
　そこで，必要になってくるのが，最終的に受験校を絞るまでの学習です。自分の進路を考えるとき，つぎのプロセスが必要になります。

① 自己理解
② 職業理解
③ 将来の目標設定
④ 進路先の種類・上級学校の理解（情報収集）
⑤ 進路先の検討
⑥ 進路先の再検討

　①～④の過程は，どの学校でも2年生までの学習に位置づけられていることでしょうが，それを3年生の学習のなかにもきちんと位置づけることが大切です。一度やればよいものではなく，継続的に段階的に繰り返すことで意識の高まりが見られるものです。

2．3年生で行う自己理解

　学習だけでなく，さまざまな行事，部活動，委員会活動等を2年間以上経験したからこそ，3年生になると見えてくる自分がいます。そこで，進路選択に向けて，改めて自分を見つめ，自己の特徴をまとめてみることが重要になります。行動の特徴，性格，学習の態度，得意な教科，好きな活動，職業選択の際に重視すること等を表にまとめるなどして自分を描いてから，将来の道を考えます。さらに1年生からの自己理解学習をひとつのカードやファイルにまとめ，見つめることができれば，自己の変容の確認ができ，理解がより深まります。

3．自己の特徴と上級学校の種類

　上級学校の種類は多く，特に東京など交通網が発達しているところは，近県も含め，通学可能な高校や専修学校等は優に100校を超えます。そのなかから一校を選ぶのは大変な作業です。そこで，上級学校の種類や個々の特徴を調べ，さらに上級学校に求める設置学科，カリキュラム，教育方針，通学時間，通学手段，部活動，設備，制服，行事，学費，学力，進路実績について，自分の希望を書き出し，そこに優先順位をつけていきます。そして，その条件に合った学校を絞っていくことが大切です。

　このような学習を早めに行えば，夏休み以降の学習の目標も設定しやすくなり，学習意欲にもつながっていきます。12月，1月頃の進路選択の最終段階でも，もう一度自分の希望，優先順位と選んだ学校の条件が合致するのか，再検討をする学習も取り入れましょう。
　合致していない条件については，他の条件と比較して重視しなくてもよいのか，他の学校を視野に入れて再検討するのか，家族とともに確認をすることが必要です。
　そのような学習の積み重ねによって，上級学校入学後の中退率も必ず減少します。

4．進路指導の学校体制

　これらの学習は当たり前のように思えますが，実際にこのように進めている中学校はそう多くありません。進路指導主任（進路指導主事，キャリア教育担当者）を中心として学校組織を整え，進路指導計画に沿った学習

第2章　学級や学年の視点から見たポイントとは？

を進めるとともに，学習成果のポートフォリオを効果的に使うことが必要になってきます。また，小学校との連携により，小学校6年間のキャリア教育（特に自己理解）の学びの記録・学習成果を中学校に引き継ぎ，9年間の蓄積ができるようにしていくことが理想です。

　さらに，担任や進路相談担当者は，進路希望の検討の際に，生徒や保護者からの要望があった場合，そのような細かい条件についての情報も常に提供できるようにしなければなりません。近年，高校改革が著しいなかで，3年前の進学指導の記憶や体験は通用しないことも多くあります。改めていうまでもないでしょうが，担当者は，常に上級学校についての新しい情報を収集・整理し，指導者全体で共有していく学校体制を整えることが重要です。

（木村智佐子）

5 進路決定後のキャリア教育

Question

卒業期に,中学校最後のキャリア教育として何か学習を取り入れたいのですが,どんな学習が考えられますか。また,どんなことに留意すればよいのかを教えてください。

Answer

進路先が決定してしまえば中学校の進路指導は終わりのような気がしてしまいますが,キャリア教育に終わりはありません。義務教育を終える時期であるからこそ有効なキャリア教育があると思います。生徒の実態や地域の特徴などに応じて,系統的な学習をカリキュラムに位置づけていくことが必要です。

1. 進路先に向けて

(1) マナー講習会

義務教育の卒業は,社会生活への一歩でもあります。就職をする生徒はもちろん,進学をする生徒も社会人と接したり,社会で活動したりする機会が増えます。社会においてもある場面では大人扱いされ,期待されます。中学生の職場体験で求められるものとは大きく違います。

そこで,社会における基本的なマナーを学ぶ機会を卒業期に設けるのは効果的です。講師としては,企業の専門家や地域のハローワークを活用するのがよいでしょう。講義だけでなく,実技を交えた学習が期待できます。

「マナー」とは，周りの人に対する思いやりであり，人とのコミュニケーションにおける基本的なツールです。一般的なマナー，目上の人に対するマナーなどを身につけることは，社会生活で重要です。

(2) 卒業生の話を聞く会

卒業生の話を聞く会は，進路選択に向けて行うことが多いのですが，この時期も有効です。高校での生活で心がけること，大学選びの視点，高校のインターンシップの取り組み，就職活動の実際など，中学生が知りたい情報を卒業生はたくさんもっています。進路先が決定しているからこそ現実的なイメージがわき，吸収できることも多くあります。

普通科の高校生，専門学科の高校生，専修学校生，大学生，大学院生，職業人など，さまざまな年齢や立場の卒業生を招き，希望に合わせて少人数で話ができる座談会形式にするなど，形態を工夫するとよいでしょう。

2．後輩に向けて

(1) 後輩へのアドバイス

自分の3年間，自己実現に向けた進路決定までを振り返り，下級生にアドバイスをすることは，自己理解の学習です。数名の3年生の代表生徒が下級生の前で話をするという方法も考えられますが，まず3年生全員が自分のことを書くことによって自身を振り返ることが必要です。また，愛校心や後輩を思う心，帰属意識を高めることにもつながります。

下級生にとっても，身近な先輩の実体験を踏まえた言葉は，ときには教員の言葉より生々しく，心に響くはずです。書いたものは匿名で冊子にして進路相談室で自由に見られるようにし，印刷物にして下級生に紹介してもよいでしょう。

3．将来に向けて

（1）職業人の話を聞く会

　職場体験学習の前後に職業人の話を聞く会を位置づけている中学校も多いと思いますが，それぞれの進路に向けて，期待や不安でいっぱいになっている卒業期に行うのも有効です。

　地域の経験豊富な職業人や退職した方などを招き，職業とは，働くこととは，生きるとはなど，さまざまな話が聞けます。これも少人数で座談会の形式で行う方が質問もしやすく，本音を語ることができます。一方，地域にとっても，これから地域の大人へと踏み出そうとする3年生を迎え入れる気もちが高まります。

（2）15歳の決意

　15歳は，昔であれば元服の年齢であり，大人への出発点と考えて，立志式を行っている地域や学校も多いでしょう。形はどうであれ，中学卒業を前に将来を見つめて自分の決意を明らかにし，周囲の大人に祝い，認めてもらうことは大切です。「高校生になりたい」という直近の目標でなく，この先何十年も続く自分の人生そのものを見つめ，生き方を考え，目標をもち，それを改めて言葉にすることに意味があります。
　一人ひとりが書き記し，自分のものとするとともに，仲間や保護者や地域の大人の前で決意を述べることで，揺るぎない生きる指針となっていくことでしょう。

4．実施にあたって

　このような学習が定着していくためには，以下のことが重要になります。

① キャリア教育の指導計画にそった実践
② 地域や関連諸機関との連携
③ 小・中・高・大の連携
④ キャリア教育の振り返りと蓄積

　キャリア教育が導入されて7年あまり経ちますが，いまだに中学校で職場体験をはじめとする職業理解学習を取り入れてさえいればキャリア教育を実践している，と誤解している学校や教員がいるのも現状です。それではいつまでもキャリア発達は望めません。
　義務教育とは小学校からの9年間です。小学校との連携は当然であり，その9年間の進路指導・キャリア教育の振り返りと蓄積を行う進路ファイルなどを作成することも必要です。
　地域や他の諸機関と連携し，大いに活用しながら，将来の羅針盤となる学習がこの時期における中学校のキャリア教育の役割といえるでしょう。

（木村智佐子）

6 各学年のキャリア発達に応じた体系的・系統的な指導

Question

中学校3年間を見とおして，体系的・系統的にキャリア教育を進めるにはどうすればよいでしょうか。

Answer

キャリア教育は，「一人一人のキャリアが多様な側面をもちながら段階を追って発達していくことを深く認識し，子ども・若者が（中略）それぞれの発達の段階における発達課題を解決できるよう取組を展開するところに特質がある。そして，これらのキャリア発達を促進させるためには，必要とされる能力を意図的・継続的に育成していくことが求められ，キャリア教育を体系的に推進していくことが必要である」とされています。（平成23年1月／中央教育審議会答申より）

従って，キャリア教育を実践するにあたっては，各学年の発達課題を理解したうえで，関連するさまざまな取り組みを教育課程に適切に位置づけ，計画性・体系性をもって展開していくことが大切です。

1．キャリア発達の視点から見た指導内容の位置づけやつながりの理解と認識

それぞれの指導内容が単独に行われ，つながりが意識されていなければ，その指導はその場限りのものとなってしまい，生徒のキャリア発達を円滑

に促していく指導になっていきません。また，教員が，それぞれの指導内容について，キャリア発達を促すための支援としての学校教育全体における「位置づけ」や「つながり」をきちんと認識していなければ，一つひとつの指導内容をそのつぎの指導へと積みあげながら，生徒一人ひとりのキャリア発達課題の解決を支援するという活動になっていきません。

　従って，中学校の各学年段階におけるキャリア発達の課題とその課題解決の支援の視点から，各指導内容の学校教育全体における「位置づけ」や「つながり」について系統的に整理し，教員が全校体制で共通理解を図り，十分認識したうえで計画的に指導していくことが大切です。

2．中学校の各学年におけるキャリア発達の課題の設定

　中学校におけるキャリア発達段階は「現実的探索と暫定的選択の時期」であるといわれています。また，中学校におけるキャリア発達の課題としてつぎのようなものがあげられています。

- 肯定的自己理解と自己有用感の獲得
- 興味・関心などにもとづく職業観・勤労観の形成
- 進路計画の立案と暫定的選択
- 生き方や進路に関する現実的探索

　これらの発達課題について，各学校の生徒の実態に応じて学年ごとに段階的に課題を設定し，中学校3年間の系統的な指導内容を考えていくことが必要になります。例えば，自己理解の内容については，つぎのような課題の設定が考えられます。

1年	・自分のよさや個性がわかる。 ・自己と他者の違いに気づき，尊重しようとする。
2年	・自分の言動が，他者に及ぼす影響について理解する。
3年	・自己と他者の個性を尊重し，人間関係を円滑に進める。

3. 他の教科・領域等の教育活動との関連性の整理と全体構想図の作成

各教科や領域などの教育活動をとおして行われるキャリア教育の取り組みを単独の指導として終わらせるのではなく，相互につながりをもたせ，各学習の内容を振り返りながら相互の関係を把握させたり，結びつけたりすることで，一つひとつの取り組みをより効果的な教育活動にしていくことができます。

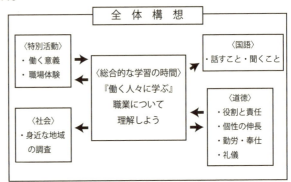

（他の教科・領域等との関連を示した例）

そのために，それぞれの教科・領域などの指導内容について，他の教科や領域等の教育活動との関連性を検討・整理し，全体構想図を作成するとよいでしょう。

4. 指導内容の継続性・発展性の整理と題材系統図の作成

学年ごとに設定された発達課題に対する指導内容の位置づけやつながりの意識された系統的な学習活動を継続的・発展的に進めることができれば，それぞれの学習活動をキャリア発達課題の解決に向けた体系的・有機的な学習として生徒たちに意識させることができます。そして，現在の学習状況について，これまでの学習と比較して自己評価させたり，成果や今後の課題を考えさせたりする活動を行わせることができます。

そのために，指導内容の継続性・発展性について検討・整理し，中学校3年間の指導内容のつながりを表した題材系統図を作成するとよいでしょう。

（三上正明）

第2章　学級や学年の視点から見たポイントとは？

A中学校進路学習（特別活動を中心とした進路学習）の題材系統図

社会的・職業的自立に向けて必要な能力等の育成

| 自己理解 | 進路情報 | 進路計画・選択 | 職業観・勉強観 | 啓発的経験・相談 |

Step1　進路探索を始めよう（一年生）
- 中学校生活の出発
- 将来の希望と進路学習
- 自分を知る
- 働く人々に学ぶ
- 進路学習の評価
- 進路の計画
- 家庭訪問
- 職業聞き取り調査
- 職場体験
- 二者面談

Step2　進路計画を立てよう（二年生）
- 選択教科の適切な選択
- 働くことと学ぶこと
- 学ぶための制度と機会
- 個性の吟味と進路
- 進路計画の検討と吟味
- 志を立てよう
- 将来の進路と学校生活
- 家庭訪問
- 上級学校訪問調査
- 二者面談
- 立志作文発表

Step3　進路選択をしよう（三年生）
- 自分についてのまとめ
- 自分の生き方
- 進路の選択に備えて
- 進路決定に向けて
- 卒業にあたって
- 家庭訪問
- 学校説明会参加
- 体験入学参加
- 上級学校授業体験
- 二者面談
- 入試説明会への参加
- 模擬面接
- 三者相談

生涯をかけて自己実現をしていこう！

7 キャリア教育の実践

Question

キャリア教育を踏まえ，どのように各学年の取り組みをしていけばよいでしょうか。

Answer

「キャリア教育は，一人一人の社会的・職業的自立に向け，必要な基盤となる能力や態度を育てることを通して，キャリア発達を促す」ことを目指す教育です（平成23年1月／中央教育審議会答申より）。それぞれの中学校におけるキャリア教育の目標設定にあたっては，この定義を踏まえるとともに，「基礎的・汎用的能力」の育成に十分配慮しつつ，地域，学校の特色や生徒の実態に即して，入学から卒業までの3年間をとおして，どのような力を育成するのかを具体的に定めることが重要です。

1．教員の共通理解を図る

　キャリア教育は，学校の全教育活動をとおして取り組んでこそ，そのねらいを達成することができます。キャリア教育のねらいが達成できるように，全教員が協力していくことが重要であり，しっかりとした校内の推進体制を整えることも必要です。全教員がキャリア教育の目標を共有しながら，役割分担をしていかなければならないでしょう。
　各教科，道徳，特別活動，総合的な学習の時間や学年・学校行事等をと

第2章　学級や学年の視点から見たポイントとは？

おして，キャリア教育を踏まえた目標を設定し，年間活動計画を立てて取り組まなければなりませんが，学校，生徒，地域との連携等の実情を考慮して，取り組みやすい教育活動から始めるとよいと思います。ただし，計画的に継続的に取り組むことができる内容にしましょう。

2．学級づくりは，キャリア教育に直結している

　学級のなかで，育まれる他者を認め受け入れる人権感覚，他者に働きかける力，チームワーク，自分を見つめる自己認識力，役割を果たす体験と貢献する喜びなどは，社会人になってからも強く求められるものです。学級づくりがキャリア教育と関連が深いことを全教員が認識し，学級担任を中心に，学級の支持的風土を醸成し，主体的に行動できる生徒を育成することを目標に実践を積み重ねていきたいものです。

3．各学年のキャリア教育目標と活動年間計画を立てる

　年度当初は，キャリア教育目標と年間活動計画を立てる時期です。その際には，各学校の学校教育目標に沿ったものでなければいけません。また，キャリア発達の段階に応じて，各学年の目標，計画を縦断的に立てましょう。詳細は，『中学校キャリア教育の手引き』（文部科学省，平成23年3月）を参考にしてください。学年で取り組むことで，学級担任・副担任がお互いに協力し合い，切磋琢磨しながら教育活動に臨むことができると思いますし，不安が自信につながっていくことを願っています。以下に示す本校のキャリア教育の実践，特に各学年のキャリア教育の目標と年間活動計画が参考になれば幸いです。

　＜1年生のキャリア教育学年目標＞
　① 自分のよさや個性を知ることで，自己と他者の違いに気づき，自他を尊重することができる。
　② 集団の一員としての役割を理解し，自ら進んで活動することができる。

③ 将来の職業との関連のなかで，今の学習の必要性や大切さを理解することができる。

＜2年生のキャリア教育学年目標＞
① 自分の特性を知り，それをもとに人生設計を立て，将来を思い描くことができる。
② 社会と自分とのつながりを考え，主体的に行動することができる。
③ 体験活動を通じて，勤労の意義や働く人々の思いが分かる。

＜3年生のキャリア教育学年目標＞
① 自分をよく知り，将来の夢へ向けた進路決定ができる。
② 課題に積極的に取り組み，主体的に解決していくことができる。
③ 進路実現に向けて努力を続けることの大切さがわかる。

(中尾直美)

1年生の学活，総合年間計画（キャリア教育と深く関係がある内容）

月	学校行事	学級活動	総合的な学習の時間 テーマ「自分の生き方について深く考えよう」
4	始業式 入学式		
5	体育大会		
6	家庭訪問 中間考査		スキル学習 オリエンテーション ① ICT寺子屋 ② 職員室入室の仕方 ③ 電話のかけ方 ④ 目指せ！マナーの達人 ⑤ 武雄よかとこ調査隊 ⑥ ゲストティーチャーとして地域の方の協力を得る
7	地区中体連 県中体連		
8	小学生体験入学		
9	期末考査	自分を知る，友だちを知る 生き方いろいろ	
10	合唱コンクール	10年後の自分を考えよう 夢や希望を大切にしよう （人生設計）	働く人に学ぶ ・職業講話当日の役割分担決め ・事後学習（シェアリング）
11	中間考査	夢や希望を大切にしよう （人生設計）	
12	生徒会長選挙		職業調べをしよう ・自分が興味のある職業についてレポートを作成する ・発表会 ・まとめ
1		高校について考えよう	
2	学年末考査	集団の一員として自覚をもとう	
3	卒業式	1年間の反省と2年生への心構え 1年間のしめくくり	

第 2 章　学級や学年の視点から見たポイントとは？

2年生の学活，総合年間計画（キャリア教育と深く関係がある内容）

月	学校行事	学級活動	総合的な学習の時間 テーマ「働くことを学ぶ」
4	始業式 入学式		
5	体育大会		職場体験へ向けて ・働くことの意義，職業内容の理解等 ・身近な職業を知ろう ・自分はどんな職業に就きたいのか ・進路適性検査の活用 職場体験をしよう ・体験先希望調査 ・体験先の選択・決定 ・社会性やマナーに関することの確認 ・体験内容の調査，事前訪問 ・安全，緊急対応等に関することの確認 職場体験 10月10日～12日 ・体験のまとめ・事後学習の準備 ・職場体験の記録のまとめ ・礼状の作成 ・職場体験報告発表会 ・職場体験の経験をもとに，自分の進路について考えよう
6	家庭訪問 中間考査	有意義な学習について話し合おう	
7	地区中体連 県中体連	将来の生き方と学習	
8	小学生体験入学		
9	期末考査 職場体験	職場体験に向けて ・体験学習先事前学習	
10	合唱コンクール	職場体験のまとめ	
11	中間考査	職場体験のまとめ ・職場体験で学んだことを今後の学習に生かそう	
12	生徒会長選挙	中学校卒業後に学ぶ道	
1		高等学校・高等専門学校等調べ	
2	学年末考査	自分は何に向いているか適性を生かす進路を選ぼう	
3	卒業式	進路計画を立てよう 私の通知表 3年生になる心構え	

3年生の学活，総合年間計画（キャリア教育と深く関係がある内容）

月	学校行事	学級活動	総合的な学習の時間 テーマ「自分らしく生きる」
4	始業式 入学式		
5	体育大会		
6	家庭訪問 中間考査	入試の制度を知ろう 私立高校説明会に向けて	私立高校説明会 県立高校説明会
7	地区中体連 県中体連	私立高校説明会でわかったこと 県立高校説明会に向けて 県立高校説明会でわかったこと 将来のために今学ぶこと	
8	高校体験入学 小学生体験入学	自分に合った進学先とは	高校体験入学
9	期末考査	体験入学を終えて 働くこと，そして生きること	
10	修学旅行 合唱コンクール	自分を見つめ直す 自分が進む道（将来設計）	修学旅行
11	学年末考査	自分が進む道（将来設計） 進路の最終決定をしよう	先輩と語ろう 「本校卒の先輩で，就職をして頑張っている先輩や学生で自分の夢を追い続けている先輩などから中学や高校生活の話，今頑張っていることなどを聞く」
12	三者面談 生徒会長選挙	自分の道を切り拓こう 三者面談を終えて	
1	私立前期入試	高校の面接を考える 面接を体験しよう	面接の練習 ・面接テキストの活用 ・面接の練習を行う ・自己評価と先生からの評価より改善点を考える ・職場体験の経験をもとに，自分の進路について考えよう
2	私立後期入試 県立特色選抜		
3	県立一般選抜 卒業式	勇気を出して我が道を 県立高校入試をひかえて（受験や面接の心構えと心身の健康管理） 希望にあふれて ～3年間のしめくくり～	

8 「出口指導」とキャリア教育

Question

キャリア教育を踏まえた3年生への
進学指導・就職指導は
どう行ったらよいでしょうか。

Answer

　3年生向けの進学指導・就職指導は「出口指導」と称され，キャリア教育や生き方の指導としての進路指導の対極にあるかのようにとらえられがちです。しかし，出口指導であってもやりようによっては十分にキャリア教育にもなりえます。

1．3年生への進学指導

　3年生になったからといって，すぐに自分の進路を適切に選択できるとは限りません。何度か進路希望調査を行うことが多いと思いますが，特に1学期はどうやって進路希望先を選んでいけばよいかがわからない生徒が多いです。『キャリア教育・進路指導に関する総合的実態調査第一次報告書』（国立教育政策研究所，平成25年3月）でも，中学校の卒業者が，中学校在校中に進路について考えるために学級活動等で指導してほしかったことのトップに「卒業後の進路選択の考え方や方法」をあげています。ところが，この種の題材・教材はあまり見かけません。そこで，本校の学級活動の実践を紹介します。

2.「理想の学校像」を明確にしよう

　はじめに事前調査を行います。質問は，①進路希望，②理想の学校はどんな学校ですか，③進路を決める際の決め手になるものは何ですか，です。150人余りの生徒における②の回答数の平均は 2.5 項目で，なかには「不良がいない」だけ，「自転車で行けるところ」だけ，「バイトができる」だけという生徒もいます。これで理想の学校なのかと思ってしまいます。しかし，少数ではあるが望ましい回答もあります。学年全員の回答を集計したところ，**校風や雰囲気，勉強，学力，学校行事，部活動，施設・設備，人間関係，教員，進路状況，校則，通学**などに分類できました。事前調査で出てきた生徒の代表的な 28 の回答を選び出し，細長い短冊状のカードを作ります。これが学級活動での進路学習の教材となります。

（1）グループワーク1【進路学習】
　あらかじめ4人グループを作っておきます。男女別でも男女混合でも構いません。28枚のカードを KJ 法でグルーピングし，それぞれのグループにタイトル（小見出し）をつけます。これが希望校を選ぶ際の観点となります。その後，個人個人が振り返りを行い，事前調査時に思いつかなかった，希望校を選ぶ際に大事な観点をワークシートに書き留めさせます。

（2）グループワーク2【進路学習】

　つぎは，希望校を選ぶ観点を16のカードにし，それを4人グループで重視すべき順に上から並べていきます。メンバーが考えたカードをつけ加えてもよいです。グループ内でディスカッションをしながら並べます。自分の意見を述べることにより，自分の選択基準が次第に鮮明になります。また友だちの意見を聞くことにより，自分とは異なる視点にもふれることになります。グループの結論とは別に，自分自身の結論（順位）もワークシートに書き留めます。

　最後の振り返りでは，つぎのように書く生徒もいました。

> はじめは家から近ければいいかなと思っていたけど，自分の学力との関係や，学習指導，校風，行事など選択基準が増えて，自分でもびっくりした。高校にあまり関心がなかったけれど，もっとちゃんと考えて選ばないといけないなと思った。

3．他の活動やキャリア教育との関わり

　本実践は，進路希望調査を記入したり，夏休み等の体験入学・学校説明会に行く学校を選んだり，学校見学をしたりする際に注目すべき観点につながっていきます。キャリア教育としては，学ぶことの意義や，多様性の理解，選択など基礎的・汎用的能力のキャリアプランニング能力の要素に関連が深く，部分的には課題対応能力や自己理解・自己管理能力にも関連があります。このように進学指導の際にも，基礎的・汎用的能力を意識して取り組むとよいと思います。

（小林正晃）

COLUMN -こらむ-
～キャリア教育，どこまで実施している？～

平成25年・国立教育政策研究所『キャリア教育・進路指導に関する総合的実態調査第一次報告書　中学校・学級担任調査』には，「あなたの学級あるいは学年における，キャリア教育の計画・実施の現状についてお尋ねします。あなたが『そのとおりである』と思うものを全て選んでください。」という調査項目があります。

職場体験に関わる取り組みやキャリアカウンセリング，出口指導の割合が高い一方，実施されている割合の低い取り組みもあるようです。

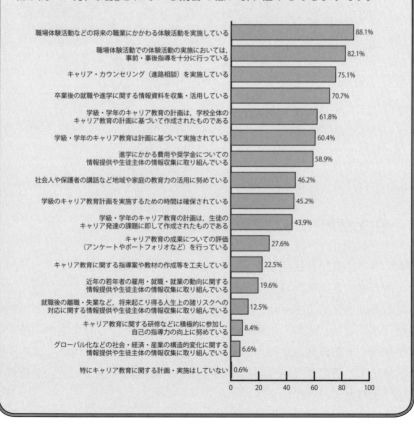

項目	割合
職場体験活動などの将来の職業にかかわる体験活動を実施している	88.1%
職場体験活動での体験活動の実施においては，事前・事後指導を十分に行っている	82.1%
キャリア・カウンセリング（進路相談）を実施している	75.1%
卒業後の就職や進学に関する情報資料を収集・活用している	70.7%
学級・学年のキャリア教育の計画は，学校全体のキャリア教育の計画に基づいて作成されたものである	61.8%
学級・学年のキャリア教育は計画に基づいて実施されている	60.4%
進学にかかる費用や奨学金についての情報提供や生徒主体の情報収集に取り組んでいる	58.9%
社会人や保護者の講話など地域や家庭の教育力の活用に努めている	46.2%
学級のキャリア教育計画を実施するための時間は確保されている	45.2%
学級・学年のキャリア教育の計画は，生徒のキャリア発達の課題に即して作成されたものである	43.9%
キャリア教育の成果についての評価（アンケートやポートフォリオなど）を行っている	27.6%
キャリア教育に関する指導案や教材の作成等を工夫している	22.5%
近年の若年者の雇用・就職・就業の動向に関する情報提供や生徒主体の情報収集に取り組んでいる	19.6%
就職後の離職・失業など，将来起こり得る人生上の諸リスクへの対応に関する情報提供や生徒主体の情報収集に取り組んでいる	12.5%
キャリア教育に関する研修などに積極的に参加し，自己の指導力の向上に努めている	8.4%
グローバル化などの社会・経済・産業の構造的変化に関する情報提供や生徒主体の情報収集に取り組んでいる	6.6%
特にキャリア教育に関する計画・実施はしていない	0.6%

第 3 章

各教科や各教育活動における
進路指導・キャリア教育の
ポイントとは？

1 教科指導をとおして行うキャリア教育の視点

Question

キャリア教育は、すべての教育活動をとおして行わなければならないと思いますが、教科指導をとおして行う進路指導についてアドバイスをお願いします。

Answer

　教科指導はそれぞれ教科の目標があり、それを達成させることが第一です。しかし、学校で過ごすほとんどの時間は教科指導の時間であり、これらの時間をとおしてキャリア教育を行うことは、大変意義のあることです。

1．教科と職業の関連を図る

　まず、教科指導のなかでキャリア教育を行うとなると、教科で学習する内容と職業の関連を図った指導をすることが考えられます。つまり、職業に直接関わってくる内容を意識した指導をすることです。

　そこで、各教科の学習の内容が関連する職業を明確にし、仕事内容のどのようなことに生かされるかを整理し、それを意識した学習などを進めることが大切です。しかし、学習の内容によっては職業と関連づけにくい内容もあり、すべての職業と関連づけるには限界があります。そのうえ、将来どのような職業に就くかをはっきり決められないでいる生徒がほとんどであるという現実もあります。さらに、仮に職業に関連づけられた学習の内容の工夫ができたとしても、生徒がその職業に関心をもたなかったり、

第3章　各教科や各教育活動における進路指導・キャリア教育のポイントとは？

身近に感じなかったりすれば，「職業との関連はあるみたいだけれど…」で終わってしまう可能性があります。

このような課題もありますが，教科で学習する内容と職業が関連することを理解させることは，教科の学習をする意味を理解させる方法のひとつになり，学び続ける意欲の喚起にもつながります。さらに，職業をより身近に感じ，職業理解にも役立てることができます。従って，すべての生徒の興味・関心を満足させることはできないにしても，教科指導のなかで職業を身近に感じさせる工夫は大切です。

2．自信や自己肯定感を喚起する

この他に教科指導をとおして行うキャリア教育として考えられることは，例えば授業のなかで，基礎基本の内容について，生徒一人ひとりに「できた」，「わかった」といった学習の場面を工夫することができれば，「やればできる」といった自信や自己肯定感を味わわせることや「もっとできるようになりたい」といった向上心を培うことになります。

またその他にも，学習したどの知識や表現方法が，教科の学習を進めるうえで役に立つのかを振り返らせることなどで，基礎基本を身につけることの大切さや学ぶべきことを見抜く力が養われます。さらに，身につけた知識や表現方法等が，つぎの学習に生かせることを理解させることで，知識や経験を活用する力を身につけることにもつながります。

これらは，それぞれの教科の学習を進めるうえで大切であると同時に，主体的に考え，判断する力や知識・情報を収集する力，活用する力を身につけることにつながります。そして，身につけた内容や経験を生かして課題等が解決されれば，学習した内容や体験したことなどに意味が生まれ，学習意欲の喚起につながります。このことは，体験などから得た知識や経験を生かして自らの生き方を考え，解決していく力になります。

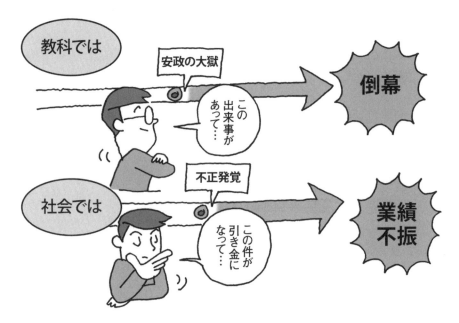

3．各教科の見方や考え方を生かす

　さらに，それぞれの教科の見方や考え方のよさが，生きていくうえで有効であることを感じられるような指導，例えば条件や視点をそろえて分類してみます。「同じようにまとめてみる」「違う条件で考えてみる」「表やグラフ，図に表してみる」「他の方法を試してみる」「全体的な流れを考えてみる」など，いろいろな見方や考え方で課題を解決することは，自らの生き方を検討したり，決定したりする力につながります。

　ここで，私の担当している教科の数学で考えてみましょう。特に科学技術関係や建築土木関係などの職業との関連を図った指導がしやすい教科ですが，生きる知恵や力を身につけさせることを意識した指導を考えると，例えば，「式の計算」で，きまりを守ることの大切さを教えることが考えられます。式の計算では，計算をする順序やルール（法則）があることは周知のことでしょう。これを守らないと正しい答えが導かれない。当たり前のことですが，計算の順序やルール（法則）等を理解して正しく活用す

第3章　各教科や各教育活動における進路指導・キャリア教育のポイントとは？

ることが大事であることをとおして，きまりやルールを理解して守ることは，大切であることを理解させることができます。

　また，学習を進めるうえで，既習の内容を活用することが多く，そのことを理解させることで，知識や経験などを生かすことのよさを理解することもできます。さらに，論理的な思考のよさを理解させることで，自らの生き方について判断に迷ったときに，冷静な判断をする基礎となります。

　その他にも数の世界を広げて考えたように，必要な考え方や発想を取り入れることで，自らの生き方を前向きに考える力にもなります。

　最後に，職業によっては中心となる教科の学習もありますが，それぞれの教科で生きる力を意識した指導に取り組むことが，教科指導をとおして行うキャリア教育（生き方の指導）につながります。

（志水卓郎）

2 キャリア教育の視点でつなぐ各教育活動

Question

学校の各教育活動をキャリア教育の視点でつなぐためにはどうすればよいでしょうか。

Answer

　キャリア教育のねらいを実現させるためには，関連するさまざまな取り組みが各学校の教育課程に適切に位置づけられ，計画性と体系性をもって展開されることが必要です。しかし，キャリア教育の実践にあたり，それぞれの活動が断片的にとどまってしまったりするという課題があります。

　各教科・科目等における取り組みは，単独の活動だけでは効果的な教育活動にはならず，取り組みの一つひとつについて，その内容を振り返り，相互の関係を把握したり，それを適切に結びつけたりしながら，より深い理解へと導くような取り組みもあわせて必要です。さらに，各教科・科目等における取り組みだけでは不足する内容を把握し，その内容をつけ加えていく取り組みも必要です。（平成23年1月／中央教育審議会答申より）

　従って，教育活動全体をとおしてキャリア教育を効果的に実践していくためには，特定の校務分掌や学年の担当教員だけに任せるのではなく，全教員で関連するさまざまな活動を体系化し，計画的，組織的に取り組むことが大切です。また，キャリア教育の一環としての意図をもって洗い出され，焦点化された「断片」をつなぎ合わせ，体系的・系統的に指導していくことが必要です。

第3章　各教科や各教育活動における進路指導・キャリア教育のポイントとは？

1．校内組織を整備し，教員の共通理解を図る

　体系的なキャリア教育を円滑に実践していくためには，すべての教員が連携・協力して指導を進められるよう，組織を整備し，各教科・領域部会，各学年会の間で縦・横の連携を密に図りながら具体的実践を推進することが大切です。また，教員全員がキャリア教育の視点から見た各教科・領域等における「諸活動の断片のもつ意義」と「それぞれの断片のつながり」について共通理解を図って指導を進めることが必要です。

2．キャリア教育の視点から見た諸活動の意義について整理・確認する

　それぞれの活動をつながりのある効果的なものとして実践していくためには，まずキャリア教育の視点から見た各教科・道徳・特別活動・総合的な学習の時間等の意義についてすべての教員が整理・確認し，相互に連携し合える素地を作っておくとよいでしょう。

3．キャリア教育の全体計画・年間指導計画を作成し，つながりを確認する

　教育活動全体をとおして体系的に指導を進めるためには，キャリア教育を教育課程に位置づけ，全体計画や指導計画を作成することが必要です。また，作成した全体計画や年間指導計画に示されている「諸活動の断片」の学年や教科等における「縦・横の位置づけ」，具体的実践における「他の諸活動との関連」を常に確認しながら実践を進めるとよいでしょう。

4．各教科等におけるキャリア教育の実践をつなぐ

　各教科等の学習活動は，将来の社会生活と深く関わっており，その他の教育活動ともキャリア発達を支援するうえで相互に深く関連し合っていま

す。各教科などの実践をつなぐためには，つぎのように取り組むとよいでしょう。

5．学級担任が中心となって指導をつなぐ

① それぞれの教科・領域等の指導内容について，他の教科や領域等の学習活動との関連性を検討・整理する。
② 他教科等における学習活動との関連について全体構想図に表す。
③ 関係する教科等の教員全員が全体構想図を共有し共通理解を図る。
④ 関係する複数の教員間でキャリア教育の視点から見た具体的な学習内容と相互に連携して生徒に働きかける方法等について相談し合う。
⑤ 複数の教員が，教科等の指導の際に，他の教科等で学習した（学習している）キャリア教育に関連する内容を取りあげて，関連を図りながら指導する。
⑥ 実践後の生徒の様子や成果と課題等について互いに情報交換し，他の教員がその後の指導に生かす。

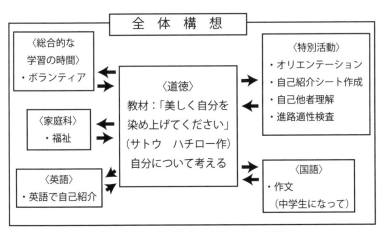

（他の教科・領域等との関連を示した例）

第3章　各教科や各教育活動における進路指導・キャリア教育のポイントとは？

　中学校の学級担任は自分の担当教科と道徳，特別活動の指導とともに，生徒に対する個別指導を日頃から行っています。そこで，例えば，学級担任はそれぞれの指導をつぎのようにつなぐことが考えられます。

① 道徳で指導した道徳的価値を特別活動の具体的活動として取りあげる。
② 特別活動で取り扱った内容についての生徒の活動を個別に評価する。
③ 教科指導に関連して取りあげた仕事や職業などについて，道徳の時間や総合的な学習の時間にふれる。
④ 生徒のキャリア教育への取り組み状況について，総合的に関連づけ，個別相談のなかで取りあげる。

(三上正明)

3 道徳とキャリア教育

Question

道徳とキャリア教育の関連をどうとらえ，どのように実践したらよいでしょうか。

Answer

　文部科学省は，道徳の教科化に向けて平成27年3月27日に，「道徳に係る学習指導要領の一部を改正する告示等」を公表しました。このなかで，道徳の時間を「特別の教科　道徳」（道徳科）として新たに位置づけました。
　これに伴い，目標や内容，教材，評価，指導体制のあり方等が見直されました。現行の学習指導要領では，道徳的価値について，「A 主として自分自身に関すること」など4つの視点で分類されていますが，この4つの視点の順序等も見直されました。また，内容項目も，いじめ問題への対応や児童生徒を取り巻く環境の変化などに照らし，必要な改善が行われました。
　では，「特別の教科　道徳」（道徳科）とキャリア教育はどのようにからんでくるのでしょうか。

1. 道徳とキャリア教育の共通性・関連性

　道徳教育もキャリア教育も，学校の教育活動全体をとおして行うものであり，どちらも全体計画と年間指導計画の作成が必要とされています。キ

第3章　各教科や各教育活動における進路指導・キャリア教育のポイントとは？

　ャリア教育の諸計画には，特別活動（学級活動や学校行事，体験学習），総合的な学習の時間，道徳，各教科の内容と方法が盛り込むべき項目とされています。年間指導計画は，特別活動や総合的な学習の時間の活動，各教科の内容や方法，道徳の内容とキャリア教育や基礎的・汎用的能力との関連性を検討したうえで立案していきます。これはキャリア教育担当者だけではできないので，全教科・領域の担当者との協同作業が必要です。

　このノウハウは，道徳の教科化で課題になっている全体計画，とりわけ別葉（紙）を作成する際に生かせるものだと思います。つまり，キャリア教育年間指導計画は，基礎的・汎用的能力に関連の深い教科等の内容・方法を洗い出して，作成していきます。これと同じように，道徳の全体計画の別葉の場合も，道徳の内容項目に照らし合わせながら，各教科，総合的な学習の時間，特別活動などにおける道徳性の育成に関わる指導内容等を洗い出し，作成していくわけです。

2. 道徳の内容項目と基礎的・汎用的能力

「特別の教科　道徳」（道徳科）の内容項目のなかには，キャリア教育で育成する基礎的・汎用的能力と関係が深いものがあります。

最も関係が深いのは [勤労] という内容項目だと思います。これは「勤労の尊さや意義を理解し，将来の生き方について考えを深め，勤労を通じて社会に貢献すること」です。勤労の尊さや意義の理解は，「働くこと」の意義を理解し，自らが果たすべきさまざまな立場や役割との関連を踏まえて「働くこと」を位置づけるという内容を含むキャリアプランニング能力に特に関連が深いといえましょう。また，勤労をとおして社会に貢献することは人間関係形成・社会形成能力にも関連しています。

その他，C 主として集団や社会との関わりに関することには，[遵法精神，公徳心]，[公正，公平，社会正義]，[社会参画，公共の精神]，[家族愛，家庭生活の充実]，[よりよい学校生活，集団生活の充実]，[郷土

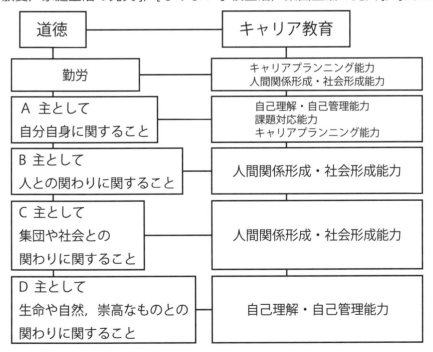

の伝統と文化の尊重，郷土を愛する態度］，［我が国の伝統と文化の尊重，国を愛する態度］，［国際理解，国際貢献］という内容項目があります。これらは全体として人間関係形成・社会形成能力と関連しています。

同様に，B 主として人との関わりに関することには，［思いやり，感謝］，［礼儀］，［友情，信頼］，［相互理解，寛容］という内容項目があり，やはり全体として人間関係形成・社会形成能力と関連しています。

A 主として自分自身に関することには，［自主，自律，自由と責任］，［節度，節制］，［向上心，個性の伸長］，［希望と勇気，克己と強い意志］，［真理の探究，創造］という内容項目がありますが，全体としては，主に自己理解・自己管理能力の関係が深いと思います。このうち，特にキャリア教育との関係が深いのは［向上心，個性の伸長］（「自己を見つめ，自己の向上を図るとともに，個性を伸ばして充実した生き方を追求すること」）と［希望と勇気，克己と強い意志］（「より高い目標を設定し，その達成を目指し，希望と勇気をもち，困難や失敗を乗り越えて着実にやり遂げること」）で，自己理解・自己管理能力の他，課題対応能力，キャリアプランニング能力に関係しています。

D 主として生命や自然，崇高なものとの関わりに関することには，［生命の尊さ］，［自然愛護］，［感動，畏敬の念］，［よりよく生きる喜び］という内容項目があります。これらはキャリア教育との関連は薄いかもしれません。しかし，［よりよく生きる喜び］は「人間には自らの弱さや醜さを克服する強さや気高く生きようとする心があることを理解し，人間として生きることに喜びを見出だすこと」であり，キャリア教育（自己理解・自己管理能力）と関係があります。

このように，道徳の内容項目のほとんどがキャリア教育との関連が強いことがわかります。従って，道徳の授業を行うことは，キャリア教育を実践することになり，キャリア教育の有効な実践のひとつが道徳であるといっても過言ではないでしょう。

キャリア教育と道徳教育は共通点も多いので，計画立案や指導体制づくりでもタイアップできるところが多いはずです。

（小林正晃）

4 キャリア教育と職場体験

Question

キャリア教育としての職場体験は
どのように行えばよいでしょうか。

Answer

　『中学校キャリア教育の手引き』(文部科学省,平成23年3月)によると,「職場体験活動は,(中略)キャリア教育の視点からも重要な役割を果たすもの」としています。しかしながら,キャリア教育を,端的には「勤労観・職業観を育てる教育」とした時期もあったことや,「『体験活動が重要』という側面のみをとらえて,職場体験の実施をもってキャリア教育を行ったもの」とみなすことを戒めています。このことはどのように考えたらよいでしょうか。

1．キャリア教育のなかの職場体験

　キャリア教育は,特定の活動や指導方法に限定されるものではなく,各教科,道徳,総合的な学習の時間,特別活動などさまざまな学校教育活動をとおして体系的に行われるものです。従って,職場体験はそのひとつに過ぎないということになります。また,2年生で職場体験を実施する場合は,当然ながら,1年生で働くことや職業に関する学習を行っておくことが必要です。

第3章 各教科や各教育活動における進路指導・キャリア教育のポイントとは？

2．職場体験充実のポイント

『中学校職場体験ガイド』（文部科学省，平成17年）には，職場体験充実について，つぎのポイントがあげられています。

> ① ねらいの設定
> ② 実施計画の立案
> ③ 体験先，保護者との連携
> ④ 事前指導の充実
> ⑤ 実施期間中の指導体制
> ⑥ 事後指導の充実
> ⑦ 評価

以上はいずれも重要ですが，ここでは特に事前・事後指導の充実について述べます。

前掲のガイドには，事前指導においては，体験の内容，きまり，もち物，

職場体験の指導計画例

活動場面	主な活動内容	時配	基礎的・汎用的能力			
			人間関係形成・社会形成	自己理解・自己管理	課題対応	キャリアプランニング
学級活動	「なぜ、人は働くのだろう」（勤労観・職業観）働く目的や意義について考える。職場体験につなげていく。	1				◎
帰りの会	体験したい職業の第1次アンケート（生徒の意識を探り、傾向をつかんで、指導計画を立てるための実態調査）	0.3		◎		○
総合的な学習	職場体験学習オリエンテーション（学年集会）趣旨や活動・学習の流れの説明、過去の記録ビデオ等の視聴 上級生による体験談の発表など	1		○	◎	
総合的な学習 学級活動	「職業レディネス・テスト」（中高生の進路指導用の心理検査）の実施・自己採点・分析	2		◎		◎
学級活動	職業の分類を行い、自分に合う体験先（職業）を考えよう。班で18の職業カードをグループ分けして、職業にはいくつかのタイプがあることに気づき、自分に合うタイプを考える。	1	○	◎		◎
帰りの会	体験したい事業所の希望調査	0.3		◎		◎
総合的な学習 放課後も	職場体験依頼先候補の決定（複数の事業所）事業所への電話のかけ方、依頼の仕方 指導と練習 事業所への体験学習受け入れの電話依頼	2	◎ ◎	◎	◎ ◎	◎
総合的な学習	職場体験事前学習と履歴書風の「自己紹介カード」の作成	2		◎		
学級活動	体験先の職業調べ（コンピュータや図書室などの本で）	1				◎
総合的な学習	事前訪問の指導 訪問の際のマナー、安全面の指導（学年集会）	1	◎		◎	
総合的な学習	事前訪問（体験先に行き、挨拶、自己紹介、当日の打ち合わせ〔仕事内容、時間、持ち物、服装、昼食、注意事項など〕）	3	◎	○	◎	
学級活動	「職場体験学習 こんなときどうする？」事故やアクシデントなど緊急時の対応の仕方を考える。	1			◎	
総合的な学習	職場体験学習（当日）の事前指導（学年集会、体験先別）	2			◎	
特別活動	職場体験学習		◎		◎	◎
学級活動	礼状書き（お礼の手紙の書き方の指導）	1	◎	○		
学級活動	職場体験学習のまとめや振り返り 職場体験で得たこと〔事前からの一連の活動をとおして〕	1		◎	○	◎
総合的な学習	レポート（報告書）や新聞、感想文の作成	2		◎		◎
総合的な学習	体験発表会（学年集会）	1	◎	◎		◎
学級活動	「自分らしさ、友だちらしさ」（適性の理解）、「将来をデザインしよう」（進路計画、将来設計）	2		◎		◎

第3章 各教科や各教育活動における進路指導・キャリア教育のポイントとは？

　マナー，安全・緊急対応の基本事項の確認を中心とした事前準備的な指導と，生徒一人ひとりの職場体験での自己の課題発見（ねらいの理解），体験での調査内容，進路学習全般の内容等を主体とした事前学習があるとしています。職場体験では体験先の確保が大きな課題であり，生徒への安全・マナー指導も必要不可欠なものです。しかし，それに終始してしまうと職場体験の教育的な効果が十分にあがらない恐れがあります。

　そこで，学級活動や総合的な学習の時間での進路学習と関連づけた事前学習の充実を図ることが大切であり，キャリア教育で育成する基礎的・汎用的能力を身につけさせていくことが重要です。事前・事後指導では，進路学習で行うべき内容を職場体験にからめることにより，むしろやりやすくなるともいえます。

　例えば事前指導では，働く目的や理由（職業観・勤労観），職業の内容や特色が考えられます。事後指導では，職場体験後だと生徒が自分の適性を考え，進路計画の立案がしやすくなります。

　左表は，事前から事後にわたる職場体験の指導計画例で，個々の活動が基礎的・汎用的能力のどれに関連が深いかを示したものです。個々の活動についてねらいをもって指導することが，基礎的・汎用的能力を伸ばすことにつながるものと思います。また，経済産業省編『キャリア教育ガイドブック』（学事出版，平成21年）も参考になるので，ぜひご参照ください。

（小林正晃）

5 職場体験等の評価の生かし方

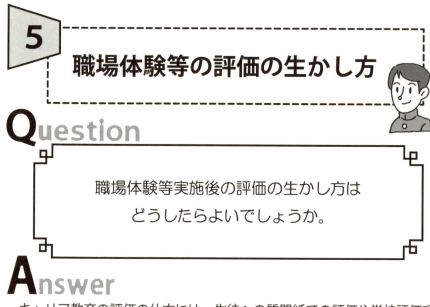

Question

職場体験等実施後の評価の生かし方は
どうしたらよいでしょうか。

Answer

　キャリア教育の評価の仕方には，生徒への質問紙での評価や学校評価項目での評価，学校での年１回の「自尊感情」調査など，包括的な評価を工夫する必要があります。どちらにしても評価指標を設定しておくことが，実践の成果を生かすうえで欠かせないと思います。
　具体的な事例を紹介しながら，評価の実際を以下に述べてみます。

１．成果や課題を把握しやすいように評価指標を設定

　キャリア教育で身につけるべき能力として，「基礎的・汎用的能力」が示されています。それを構成する４つの能力「人間関係形成・社会形成能力」「自己理解・自己管理能力」「課題対応能力」「キャリアプランニング能力」があり，これらは社会的・職業的自立に向けて必要な基盤となる能力です。
　各中学校の実態から，重点的に育むべき能力を絞っておくと評価もしやすくなります。
　本校では，市街地に立地していることもあって，生徒相互の関わりが薄いことが課題としてあげられています。学校内での友人関係がこじれた場

合，当事者間で修復できにくい状況もあります。このようなことから，「人間関係形成・社会形成能力」を一番に取りあげています。また，職場体験等では，地域社会で活動する場合に直面する課題を処理することができる生徒に育ってほしいという願いもあり，「課題対応能力」も取りあげています。

　小・中連携して取り組む場合は，さらにわかりやすく「人間関係形成・社会形成能力」を「かかわる力」，「課題対応能力」を「だんどりをする力」と呼んでいます。この2つの能力は，別々のところで必要となるのではなく，同じ場面で必要とされることの方が多いと考えられます。本校では「困り（課題）を受け止め，計画を立て周囲と協力して解決できる」を評価指標としています。学校評価アンケートの生徒・保護者・教員対象に学期に1回集計して変容を把握するようにしています。

2．定量的な評価に加えて，記述型評価で成果と課題を把握

　評価には，アンケート項目に対して，5段階で答える形の定量的なものがしばしば使用されますが，これは変容を把握するのに便利です。また，学校で重点化した評価指標に特化した記述型アンケートも生徒に育っているものを見極めるのに有効です。

```
職場体験後アンケート
○ 職場体験１日目で，どんな困りを見つけられま
  したか。
  〔                              〕
○ 見つけた困りに対して，どんな工夫をしようと
  しましたか。
  〔                              〕
○ 班員と協力して，仕事を進めることができまし
  たか。具体的に書いてください。
  〔                              〕
```

＜職場体験後のアンケートの例＞

　提出されたアンケートを分析してみると，１日目に生徒が感じた課題は，挨拶の声の大きさ等の自分自身のことより，それぞれの仕事内容がよくのみ込めていないことから派生してくることが浮き彫りになってきます。
　事前指導で仕事の内容について予備知識をもたせることが必要です。なかには業界用語が理解できずに，家でインターネットを使って調べた生徒もいましたが，情報収集の方法も全体で扱っておくことが必要です。ただ，３日目になると，協力して仕事の課題を解決できた充実感を記述している生徒が多くいました。生徒たちの見つけた課題はさまざまですが，事前指導によって，課題の質をあげることが可能だと実感しています。
　今回の事後記述型アンケート結果を生かし，訪問先の職場ごとの課題と協働作業を次年度の職場体験事前学習に取り入れて，さらに充実した学習にしていきたいと考えています。

第3章　各教科や各教育活動における進路指導・キャリア教育のポイントとは？

3．キャリア教育に期待するもの

「どのようなことができるようになった状態で卒業させたいのか」(『キャリア教育基礎論』実業之日本社，平成 26 年)
　筑波大学人間系教育学域教授の藤田晃之先生は，ゴールラインを確定することの重要性を上記のように指摘しています。この点からも，行動レベルでの目標設定が欠かせないと考えています。

(渡邊淳二)

6 職場体験等と課題対応能力の育成

Question

職場体験で課題対応能力を育むには
どうしたらよいでしょうか。

Answer

　キャリア教育で育成すべき能力として，4つの基礎的・汎用的能力のうち，課題対応能力は職業人として生活していくうえで欠かすことのできないものとして重要です。以下に，学校教育のどの場面が有効かを述べてみます。

1．総合的な学習の時間の「職場体験」での課題対応能力

　職場体験学習は各学校では3日から，長い学校で5日間行われています。本校では2年生の2学期の初旬に3日間校区内の各事業所を中心に進路指導・キャリア教育の中核的な指導場面として展開されています。

　職場体験学習1日目終了後に事業所等で感じた課題を学習シートに記録し，3日間の学習終了後にどんな工夫で課題を解決したかアンケートをとり検証しています。以下はアンケート結果を一部抜粋したものです。

第3章　各教科や各教育活動における進路指導・キャリア教育のポイントとは？

> 質問1. 仕事をするうえで，どんな課題を見つけられましたか。
> 質問2. 見つけた課題に対して，どんな工夫をしましたか。

- 大きな声が出せなかった（意識して大きな声が出せた）〔販売〕
- 人に接するときの顔の表情でこちらの印象が変わることがわかった（笑顔で接し靴を2足売ることができた）〔販売〕
- 物音を立てて注意された（ドアをゆっくり閉めるなど動作に気をつけた）〔販売〕
- 班員と在庫を数えておくということに気がついた（在庫数えのとき正確に数える工夫をした）〔販売〕
- 園児と接する難しさ（園児の傍で話を聞いたり遊んだりした）〔保育園〕
- 園児が，先生がいなくなると，いうことを聞かなくなった（近くにいるようにした）〔保育園〕
- 周りを見て行動すること（園児と同じ目線で行動するようにした）〔幼稚園〕
- 参拝者に必ず挨拶をする。習った作法は丁寧にゆっくりする（一生役立つものを教わった）〔神社〕
- テキパキと動くこと（たくさんのお年寄りの方とふれあうよう努めた）〔老人養護施設〕
- 患者さんともっとコミュニケーションをとること（積極的になるべく笑顔で話しかけるようにした）〔病院〕
- 水質調査で，家庭の排水が原因できれいでないことがわかった（水の出しすぎに注意するようにした）〔国土交通省工事事務所〕
- 初めての人との会話の口調が速くなる（ゆっくりと相手の目を見て，はっきりとしゃべる）〔美容室〕
- 本棚に並んでいる本の順番が違っていたこと（利用しやすいように順番を変えた）〔図書館〕
- 笑顔で優しく患者さんに接すること（患者さんの気もちになっ

て接する)〔病院〕
- いかに素早く丁寧に商品を探し出せるか(段ボールに書いてある番号で探すようにした)〔販売〕
- 仕事場の人との人間関係が学校より厳しい(注意されたことに対し,しょげずに前向きに)〔販売〕
- 3人でした洗車に時間がかかった(分担を提案し,素早くできるようになった)〔ガソリンスタンド〕
- 消防署の班で働く姿を見て協力が大事と感じた(ロープの結び方をグループで教え合ったりして上手にできた)〔消防署〕

　アンケートを集約してみると,仕事をするうえでの課題として,「挨拶の声の大きさ」など自分自身に関するものから「業務上の課題」まで,多岐にわたっていることがわかります。仕事によって課題が違うことも予想されたことですが,どの職場においても課題を解決するには「人との関わり」「協力」がとても大切であると認識した生徒が多かったことは大きな収穫です。

2．教科指導での課題対応能力

　課題対応能力は,教科指導でも意識して行われることが望ましいと考えます。右表は本校の授業スタイルですが,課題が教員から与えられたものでも,さらなる追究で課題を発見させる指導上の工夫が求められます。

第3章　各教科や各教育活動における進路指導・キャリア教育のポイントとは？

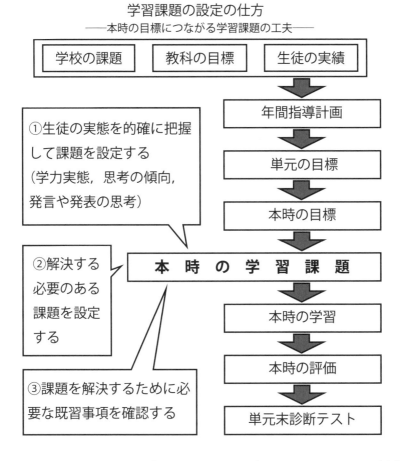

　学習指導での課題への気づきへの配慮を心がけるのみでは，課題対応能力は十分身につくとは思われません。課題解決のために情報収集能力が必要であることも，本校の研究部アンケートで明らかになっています。
　課題対応能力の育成には，「総合学習の時間」「教科」「特別活動」などの領域で生徒自身の周りの困難さを解決させる見通しが必要になります。解決にあたっては，グループ学習を機能させることも必要になってきます。
（渡邊淳二）

COLUMN -こらむ-
～七五三現象，どうなった？～

　内閣府によると，平成16年3月卒業者の，卒業後3年以内の離職率は中卒者が69.6%，高卒者が49.4%，大卒者が36.6%でした。これは「七五三現象」といわれ，細かな数字の増減を除けば10年前（平成6年）から続いていた状況でした。

　では，平成16年以降の新規学卒者の離職率はどう変化しているのでしょうか。平成16年から26年の厚生労働省の統計（下グラフ）を見ると，中卒者はおよそ65%，高卒者はおよそ40%，大卒者はおよそ30%の付近を推移しており，平成16年までと比べると離職率はわずかながら低下していることがわかります。

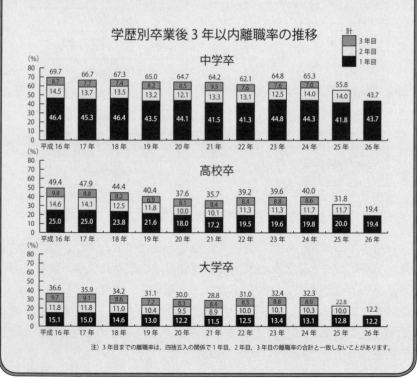

学歴別卒業後3年以内離職率の推移

注）3年目までの離職率は，四捨五入の関係で1年目，2年目，3年目の離職率の合計と一致しないことがあります。

第4章

他校や地域との連携のポイントとは？

地域力を生かした キャリア教育

Question

地域と連携しながら進める職場体験は一般的になりましたが，地域の力を生かしながら進めるキャリア教育には他にどのようなものがあるのでしょうか。
また，それを進めていくうえでどのような組織づくりが有効なのでしょうか。

Answer

　将来，大人として円滑な社会生活を営もうとするうえで，小さい頃から自分の住む地域社会と関わることは，その基盤となります。もちろん教員側が，「地域に手伝ってもらえば楽だ」というような意識では，本当のキャリア教育の成果を期待することはできません。地域のなかには，子どもたちのキャリア意識の形成に役立つ要素が無数にあふれているのです。数日間の職場体験だけでない，地域力を生かした具体的な学習例とその推進のための組織づくりについて述べてみます。

1．地域にあるもの

　地域にあるものは，事業所だけではありません。家があり，さまざまに人が住み，安全で快適な生活を送るための工夫があり，町そのものがあります。それらは子どもにとっては，どれも生きていくうえでの教材であり，先生であるといってよいでしょう。そして，そのなかでも「地域の人」がまず地域の力となるでしょう。では，キャリア教育推進のうえでの「地域の人」とはどのような人が考えられるのでしょうか。

① 地域の事業主
② 地域で就労している人
③ 地域に住み,他の場所で就労している人
④ 地域の活動に貢献している人
⑤ 以前地域に住んでいたり就労していたりして,地域と関連のある人

それぞれの人にそれぞれの形で教育に貢献してもらえるのです。

2．ただの人材活用ではない地域力とは

では,それぞれの人のそれぞれの形とはどのようなものでしょうか。職場体験を受け入れていただくこと以外にも地域力を生かす方法はたくさんあります。

① 職業に就いている地域の人に,学校へ来ていただいて,職業や生き方についての話をしていただく。
② 各種キャリアのある方に,それを生かした学習のサポートに入っていただく。
③ キャリア教育のさまざまな学習のサポートに入っていただく。
④ ①〜③のような人材や事業所を探していただく。

つぎの項で具体的な学習例をあげてみましょう。

3．地域力を生かしたキャリア教育

（1）職業講話
　中学生の職場体験の受け入れ事業所は限られています。「危険である」「面倒を見る余力がない」「個人情報保護のため」などの理由で断られることも多く，地域にある事業所の種類も限られているからです。
　そこで，職場体験では体験できないような職業に就いている人を学校に招いて，その職業の話を聞いたり一部体験したりする学習を取り入れます。例えば，医師，薬剤師，弁護士，俳優，建築士，パイロット，スポーツ選手，危険物取扱者など何名かの講師を招き，生徒は希望の講座を受講するのです。その際にはただ話を聞くだけでなく，実演などを交えて講演をしていただく方がよいでしょう。

（2）キャリアサポート
　プレゼンテーション能力向上のための講師や，アントレプレナーシップ教育のなかでの会社経営のアドバイスをする起業家を招聘します。また，人生・将来を設計（シミュレーション）していくなかで，収入や支出の計算や人生の岐路について，特別のキャリアがなくても人生経験者として保護者の方にアドバイザーに入っていただく学習も考えられます。

（3）学習サポート
　職場体験の見回り，多数の外部講師を招いた際の接待や案内などで保護者に協力を求めます。これは，キャリア教育を理解していただくうえでも有効です。

（4）人材開発
　上記のような学習や活動を行う際に，人材開発で活躍していただくのも「地域の人」です。数年で入れ替わってしまう教員より当然，力があります。職場訪問や職場体験の事業所開発，職業講話の講師派遣等も地域にどんな店や会社があり，どんな職業の人がいるかをよく知っている「地域の

第4章　他校や地域との連携のポイントとは？

人」に依頼をすると、驚くほどいろいろな「人」「場所」という財産を発掘してきてくれます。これがまさに「地域力」です。

4．地域力を生かすための組織づくり

　では，誰に依頼すれば地域の力を借りられるのでしょうか。今までは教員が過去の実績から事業所や職業人に交渉したり，PTAなどに協力を依頼したりして進めてきました。しかし，それだけでなく，長くその地域に住み，地域の隅々まで知っているその学校の古いOBや昔の保護者に協力してもらう組織を作っていけば，キャリア教育で幅広い地域の力を活用していくことができます。地域で学校を創っていくコミュニティ・スクールという形がとれれば容易にそのような組織を作ることができるでしょうが，そうでなくてもPTA・青少対・同窓会などから代表者を募り，学校のサポート隊を組織し，地域で学校を支えようという理念のもと，学校教育のさまざまな支援をしてもらうことは可能でしょう。そして，そのように子どもたちが地域の方たちと接する機会が多くなることで，さらに地域の一員としての自覚も生まれ，地域参画力も培われていくと考えられます。

（木村智佐子）

2 キャリア教育における地域との連携

Question

キャリア教育を進めるにあたって地域との連携をどう図ればよいでしょうか。

Answer

　子どもに仕事や職業を認識させるには，社会や仕事・職業について実感をもって理解させる必要があります。しかし，教員が多くの仕事について実感をもって指導することは困難な場合が多いため，地域・社会に数多く存在する社会人・職業人としての知識・経験が豊富な者の学校教育活動への参画を得ることが不可欠です。（平成23年1月／中央教育審議会答申より）

　従って，各学校は，地域・社会に対して，学校教育へのさまざまな支援方法があることを提示し，協力を仰いでいくことが大切です。

1．地域との連携による活動の方法

　地域と連携した学校におけるキャリア教育の活動の方法としては，主につぎのようなものがあげられます。

① 卒業生や社会人による講話。
② 企業などが参加した起業や商品開発などのグループワーク。

③ 地域の方の知識・技能をいかした体験講座のような授業。
④ 卒業生や社会人へのインタビュー。
⑤ ジョブシャドウや職場見学。
⑥ 職場体験や就業体験活動など。

2．地域と連携する際の留意点

　地域と連携してキャリア教育を進めるにあたっては，生徒に活動させる前に連携先と十分な情報交換を行って，相互理解を図っておくことが大切です。留意点としては，主につぎのようなことがあげられます。

① 生徒に活動させる目的や期待する効果などをあらかじめ明確にしておく。
② 指導の目標・方法などについて，指導にあたる教員の共通理解を図っておく。
③ 活動の目的や期待する効果，活動内容，協力・支援を依頼する内容について連携先に十分説明し，理解を得る。
④ 教員が主体となって指導にあたり，連携先に任せきりにならないようにする。
⑤ 商工会議所，企業，その他の支援団体等と情報の共有化を進め，地域の教育資源や人材の情報収集と集積に努める。

3．地域と連携した実践事例

（1）総合的な学習の時間を中心とした「米づくり」の学習

　以下の事例は，前任校の川越市立山田中学校において実践し，『中学校キャリア教育の手引き』(文科省, 平成23年3月)において紹介したものです。学校に隣接した水田やかかし祭りという地域の教育資源を活用して行われています。

【ねらい】・私たちの主食である米がどのようにしてできるのかを体験的に学び，作る人への感謝の気もちや働くことへの関心・意欲を育てる。
・地域の方々との交流や共同作業をとおして，多様な集団のなかで，コミュニケーションや豊かな人間関係を築く能力を育成する。

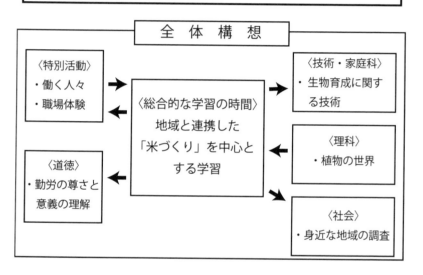

時期	内容
4月	種まき（地域の農家の庭まで行き，説明を受けて種まきを行う）
5月	田植え（サポート委員の方々と保護者の協力のもとに学校前の水田に稲の苗を植える）
6月	稲の観察（稲の成長のようすと水田の管理の状態を観察する）
7月 8月	かかしの製作（各学校で工夫を凝らしたものを1体ずつ） 水田の管理
9月	かかし祭りへの参加（実行委員とともに中学生は模擬店の準備・販売・片づけを協力して行う）
10月	稲刈り（サポートの方々と保護者の協力のもと稲刈りを行う）
11月	収穫祭（サポートの方々と保護者の協力のもとに飯盒炊さんを行い，全員でいただく）
12月	学習発表会（学習の成果をまとめて地域の方の前で発表し合う）

第4章 他校や地域との連携のポイントとは？

　前任校ではその他，職場体験，学校農園での畑作体験，PTA との資源回収，近隣の高校生との公民館学習会，地域の方の講師による文化体験学習会，社会科での伝統芸能学習など，PTA や地域と連携した取り組みを実践しています。川越市には「地域サポート委員会」という地域の組織があり（埼玉県では「学校応援団」という組織づくりを推進），学校での教育活動をさまざまな面から支援しています。

（2）地域の生涯学習講座との交流

　以下の事例は，本校の近隣にある県民活動総合センターの「いきがい大学伊奈学園」との交流事業の実践です。

　地域の生涯学習講座を受講している方々と相互に学習していることを発表し合ったり，ともに学び合う体験をとおしたりして，生徒たちは生涯にわたって学び続けることの大切さを感じることができているようです。

> 【ねらい】　いきがい大学の方との交流をとおして，生涯にわたって学習していくことの尊さ，すばらしさを感じ取る。

> 【交流する講座】
> 　　いきがい大学伊奈学園で開講されている社会人講座
> 　　・福祉環境科　　・ふるさと伝承科
> 　　・美術工芸科　　・地域創造科

【当日の会場・日程】

会場：県民活動総合センターセミナーホールおよび講座室
① セミナーホールで開会式
② いきがい大学伊奈学園受講者による発表（童謡・唱歌の発表，紙芝居など）
③ 本校生徒による発表（総合的な学習の時間の内容についての研究発表など）
④ 移動・食事
⑤ 講座室に分かれて各科受講者との交流 　（伊奈町の環境，民謡，美術作品の製作，地域研究などの内容について学習，発表し合う）
⑥ セミナーホールにて閉会式

（三上正明）

3 家庭や地域社会等と協力して行う体験活動

Question

家庭や地域社会等と協力して行う体験活動の
あり方について教えてください。

Answer

　体験活動は，学習したことを試してみる場であったり，気づきの場であったり，見つめ直す場であったりするなど，子どもたちへの教育効果を高めるために重要なものであることは，周知のとおりです。
　しかし，体験活動を行うにあたり，家庭や地域社会の理解と協力，校外における関係機関の援助などが十分でなければ，成果をあげることは困難です。
　そこで，家庭や地域社会等との連携にあたって，どのようなことに留意する必要があるかについて述べたいと思います。

1．家庭との協力

　まず，家庭との協力については，子どもの進路や学習に対する保護者の関心や意識の実態を把握し，相互の連携を密にする計画を立て，その実践にあたる必要があります。例えば，①わが子の進路に関する体験活動等についての調査を，各学年で計画されている進路意識調査または進路希望調査をする際に行います。② PTA 総会，学年・学級 PTA 等の機会をとらえ，

発達段階に応じ，1年生であれば3年間の具体的な見とおしや自校の現状など，進路指導上の問題を取りあげ，共通理解を図ります。③PTA新聞や学級通信などの内容の充実を図り，進路に関する学習の内容を計画的に掲載します。④家庭訪問や保護者との二者相談の機会を多くし，子どもの能力・適性等だけでなく，身につけさせたい能力・態度等について，それぞれの立場から十分話し合います。⑤家庭教育学級等の講座に進路や進路に関する学習の内容を織り込み，継続的に啓発に努めます。

　従って，積極的に学校の教育活動への理解を図る工夫や体験活動の様子，体験後の変容などについて，共通理解が図れるような工夫が必要です。

　ただ，学校と家庭の協力には，日頃からの両者間の信頼関係が重要であり，場面に応じ，保護者の気もちや意見に温かい理解を示しながら，適切な助言をし，協力を得るという姿勢が大切です。

　また，保護者から教えられることもあるので，常に謙虚な態度で接するように心がけましょう。

2．地域内の学校間の協力

2つ目に，地域内の学校間の協力については，幼小中高大それぞれでの体験活動が発達段階に応じて系統的・継続的に行われるように，十分な情報交換と連携が重要です。また同じ校種間でも，同地区内の学校との実施時期や体験場所等についての調整や連携も重要です。そこで，学校間での連携などを図るためには，先方からの呼び掛けを待つといった消極的な態度でなく，自ら働きかけるという積極的な姿勢が望まれます。

3．地域社会との連携

3つ目に，地域社会との連携については，学校評議員会などで，積極的に学校が行っている体験活動などの話題を取りあげ，幅広く意見を聞いたり，理解を得たりすることが大切です。また，学校評価等の評価項目のなかに，体験活動に関するものを取り入れ，工夫改善の参考資料とします。ただし，より深く学校の体験活動などに関心をもってもらうためには，日頃から地域社会と学校がより近い関係になっていることが大切です。例えば，地域の人々との交流をできるだけ多く設けます。また，学校評価の内容項目はできるだけ平易なものにします。さらに学校評価の結果や体験活動の成果を積極的に公開するなど，地域社会に還元することも大事です。

なお，体験活動等は，学校と地域社会の日頃からのよりよい関係によって大きな成果をあげることが期待できるので，学校側から積極的に地域社会に対して関わりをもつようにすることが大切です。

4．事業所・関係機関との連携

4つ目に，事業所や関係機関との連携については，連絡調整を十分行い，体験活動の趣旨を理解してもらうことが大切です。特に，職場体験などのように長年お願いしているような場合には，前年度の反省にもとづき，より教育的効果があがるように改善しようとする姿勢が必要です。

第4章　他校や地域との連携のポイントとは？

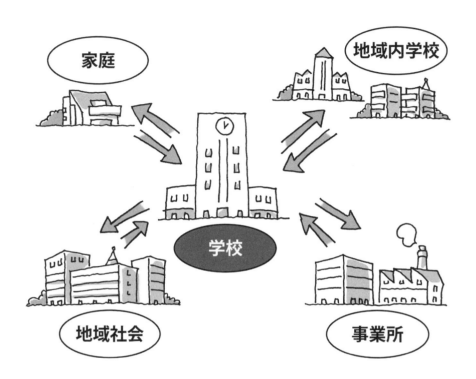

　また，より新しい情報や資料等を積極的に取り入れ，例年どおりといった体験活動にならないように配慮する必要があります。
　このように，体験活動の成果をあげるためには，家庭や地域社会等との信頼関係を築くことが最も重要です。そのためにも，体験活動の様子や反省・課題等を積極的に伝える必要があります。さらに，家庭や地域社会等の意見を真摯に受け止めることが大切であり，家庭や地域社会の協力のおかげで，体験活動を行うことができるということを忘れてはなりません。
　また子どもたちにも，体験活動が，家庭や地域社会等の理解や協力によって行えることを十分理解させることが大切です。そうすることによって，子どもたちの体験に対して取り組む姿勢や体験からの学びも変わり，より高い成果が期待されます。

（志水卓郎）

小中が連携した キャリア教育の進め方

Question

小中が連携してキャリア教育を進めるには
どうしたらよいでしょうか。

Answer

　キャリア教育の重要性が指摘され，小学校と中学校とが連携して教育を進めることが期待されています。小中連携の視点を以下に述べてみます。

1．小学校と中学校で重点となる育むべき能力を設定

　キャリア教育で育むべき能力として，「人間関係形成・社会形成能力」，「自己理解・自己管理能力」，「課題対応能力」，「キャリアプランニング能力」があります。
　それぞれの中学校区の実態から特に必要な能力に絞り込む作業が欠かせません。

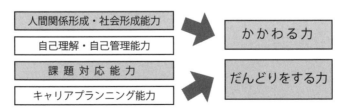

第4章 他校や地域との連携のポイントとは？

　本校では，不登校気味の生徒をなくすという教員の願いから「人と人との関わり」を強くしたいということと，学級生活上の課題も含めて各種学校行事での「課題を自主的に解決できる生徒集団」に育てたいとの考えから「人間関係形成・社会形成能力」と「課題対応能力」に重点を置くことにしています。その重点とした能力も小中の教員に理解しやすいように「かかわる力」「だんどりをする力」というように独自の用語を使うとわかりやすいと思います。

2．ベースとなる行動目標を発達段階に応じて設定

　次ページの表に示した，「かかわる力」〔考えや気もちを伝え合い協力できる力〕を育むには，あいさつと礼儀を大切にしたいとの考えから，小学校低・中・高学年と中学校での行動目標を明らかにします。
　また，「だんどりをする力」〔課題を見つけ，解決できる力〕を身につけさせるためには，委員会活動を中心に発達段階に応じた行動目標も示すと効果的です。
　ただ，ここでは特別活動を中心にして記述していますが，教科指導においても，課題を見つけさせ，解決させる「問題解決的な学習」を心がけることは，実社会での課題解決の手法を学ぶことにもつながり，是非とも強調しておきたいところでもあります。

小中で共通の取り組み指標を設定して，年度末に成果を検証しよう。			
低学年	中学年	高学年	中学校
重点① 「明るいあいさつと他人に対する礼儀を大切にしよう」 　　　　かかわる力〔考えや気もちを伝え合い協力できる力〕			
身近な人に笑顔であいさつができる。	友だち，家族，先生方に自分から笑顔であいさつができる。	相手にとって気もちのよいあいさつを考え進んで実行できる。	相手や時と場に応じた気もちのよいあいさつを考え，進んで実行できる。
生活　⎫ 学習　⎬　3部会で取り組み事項を協議する。 特活　⎭			
〔指導場面〕朝のあいさつ運動場面，授業の終始のあいさつ場面，職員室の入退 　　　　　時のあいさつ場面 〔検　証〕学校評価アンケート「あいさつ等」，職場体験			
重点②「困り（課題）を受け止め，計画を立て周囲と協力して解決しよう」 　　　　だんどりをする力〔課題を見つけ，解決できる力〕			
宿題や掃除，給食の仕事を協力して行うことができる。	宿題や掃除，給食当番において，仕事を効率的に協力して取り組むことができる。	宿題や当番活動，委員会活動等において，仕事を効率的に協力して取り組むことができる。	宿題や当番活動，委員会活動等において，よりよい活動にするために周囲と協力して取り組むことができる。
生活　⎫ 学習　⎬　3部会で取り組み事項を協議する。 特活　⎭			
〔指導場面〕宿題提出率向上の場面，学力定着の場面，児童生徒会の企画場面， 　　　　　学級の諸問題場面 〔検　証〕学校評価アンケート項目に「協力して課題解決できる」を盛り込む。 　　　　　職場体験等			

第4章　他校や地域との連携のポイントとは？

3．部会ごとに取り組み事項を実践する

　左表をさらに具体的に，つぎのような3部会に分けて合同研修会で実践を交換すると浸透しやすいと思います。

『**生活指導部会**』
　・不登校生をなくすための取り組みとしてケース会議と教育実践の情報交換。

『**学習指導部会**』
　・活用型授業スタイルの確立を目指す。授業の相互参観，授業規律と家庭学習の習慣。

『**特別活動部会**』
　・委員会活動等をとおしてのリーダーの育成。

　3部会のなかの生活指導部会では，「人との関わり」がうまくいかなくなった場合の対処の仕方を関係機関との連携も含めて協議されることが望ましいと思います。

　「課題対応能力」については，小・中学校ともに特別活動や教科学習において，課題を強く意識した問題解決型授業のあり方を共通理解することが求められています。

（渡邊淳二）

5 高校と連携したキャリア教育

Question

高校と連携したキャリア教育には，どんな例があり，どのように行ったらよいでしょうか。

Answer

現行の学習指導要領では総則で「学校がその目的を達成するため，地域や学校の実態等に応じ，(中略) 中学校間や小学校，高等学校及び特別支援学校などとの間の連携や交流を図る」ことなどを求めています。進路指導やキャリア教育の面で高校とどのような連携をしていけばよいでしょうか。以下に，本校の実践を紹介していきます。

1．高校の先生を招いた「進路集会」

(1) 時期

7月（1学期末）。学期末保護者会の日に，授業参観として実施します。

(2) ねらい

高校の先生から高校での指導の実際や夏休みの過ごし方などのお話を聞き，高校生になる心がまえや受験生としての意識を高めさせます。

（3）内容や方法

　高校生になったら自由になれると思っている生徒もいます。しかし，中学には中学の，高校には高校の厳しさがあるので，そういう現実を高校の先生自身から語ってもらいます。また，夏休み前に，3年生の夏休みがとても大事だということを，高校の先生の立場から話してもらいます。体育館を会場に3年生全員に，3校の高校（公立・私立）の先生から15分ずつ話してもらい，保護者も多数参観しました。

2．「高校出前授業」

（1）時期
　9月中旬。

（2）ねらい
　高校の先生の入門授業を受けることによって，高校についての理解を深め，進路選択の参考にするとともに，入試や進学への心がまえを作ります。

（3）内容と方法

教科	科目	内容
国語	現代文	文章読解（要約の仕方）
社会	世界史	アメリカの歴史
理科	物理	ガリレオの自由落下実験
数学	数学A	高校数学入門授業
英語	英語	All English の activity

　午後の2時間（5校時と6校時）を使って，2回同じ内容で授業をしてもらいました。5校時と6校時では授業を受ける生徒が変わります。生徒にはあらかじめ希望調査を行い，振り分けておきます。保護者にも知らせて，希望する保護者には参観してもらいました。

（4）その他

　この出前授業は，千葉県教育委員会の事業である「小・中・高連携の特別授業」を活用して行っています。毎年，県立高校の教員が特別授業実施教員として登録し，その登録リストのなかから中学校のニーズに合った授業・教員を選定・依頼しています。その経費は県教育委員会から支出されます。

3．自校で開催する「高校説明会」

（1）時期
　10月中旬。11月の三者面談前の進路希望調査記入に向けての時期に実施。進路保護者会と同じ日に実施すると参加する保護者は増えますが，その分，準備は大変になります。

（2）ねらい
　高校の教員に，学校や入試の概要（特色・学校として力を入れていること・期待する生徒像など）について説明してもらい，生徒の今後の進路選択の参考にさせます。

（3）会場
　3年生のフロアの6教室。

（4）方法
　午後の2時間を使い，5校時に6校，6校時に6校，計12校の高校の教員を招きます。50分の授業時間を前半・後半に分けて，高校の教員には22分ずつ同じ内容で説明してもらい，途中6分間の移動時間をとり，説明を聞く生徒と保護者が入れ替わります。生徒には事前に希望調査を行い，5校時に2校，6校時に2校，計4校の説明を聞くことになります。

第4章 他校や地域との連携のポイントとは？

(5) 実際

招待する12校は生徒の希望調査をもとに選定・依頼していきます。夏休みや2学期に各高校で説明会や体験入学等は実施していますが，自校でも開催するとより効果的で，保護者の参加も多くなります。生徒は，自分が希望する高校や説明会に行った高校を選ぶケースが多いです。また，その高校で行われる説明会には行く予定はなくても，自校で説明が聞けるなら，この機会に聞いておこうと考えて選ぶ生徒もいます。会場が各教室で，説明を聞く生徒も比較的少人数になるので，フェイス・トゥ・フェイスの環境のなかで，適度な緊張感を保ちながら，質疑応答などのやりとりもしやすくなります。

4．おわりに

以上3つの進路行事のうち，1と2は中学校から高校への「接続」を意識しての取り組みです。この場合，中学校側のニーズを高校の先生にきちんと伝え，意図を理解してもらうことが，これら進路行事の成否に関わってくることになります。

(小林正晃)

6 キャリア教育とアントレプレナーシップ教育

Question

「アントレプレナーシップ教育」というものはどういうものなのでしょうか。中学校でもキャリア教育として考えられるのでしょうか。

Answer

　アントレプレナーシップ教育研究会の報告書（平成10年）によると，「アントレプレナーシップ教育」というのは，「新しい挑戦的な目標に対して，リスクをおそれず積極果敢にチャレンジするアイデアや実行力を有する人材」を養成する教育であると定義されています。京都教育大学附属京都小学校・中学校では，9年間一貫教育課程のなかに位置づけています。

　また，京都には，NPO法人アントレプレナーシップ開発センターがあり，さまざまなイベントや普及活動を行っています。アントレプレナーシップの詳細については，専門家にお任せするとして，中学校のキャリア教育のなかで，どんな取り組みが可能なのかを具体例をあげながら紹介します。

1．アントレプレナーシップ教育で培う能力

　「アントレプレナーシップ」とは，「起業家精神」と訳されるもので，起業家の多くに見られる「発想力」「創造力」「問題解決能力」「決断力」「コミュニケーション能力」「チャレンジ精神」などを養うことを目的とした教育が，「アントレプレナーシップ教育」です。そして，それらの能力は

キャリア教育と共通する部分が多くあり，中学校の学習のなかで十分養うことができます。

2．アントレプレナーシップ教育の学習プログラムとキャリア教育

では，起業家が会社を興し，利益をあげるまでにはどのような過程があるのか。ざっとあげると，以下のようになるでしょうか。

① 起業研究
② 会社設立・組織づくり
③ マーケティング調査
④ 事業計画作成
⑤ 商品開発
⑥ 宣伝方法検討
⑦ 商品宣伝・販売
⑧ 決算と事業反省

これらの流れを，中学校の学習のなかに位置づけていく場合，発達段階や地域性によってさまざまな学習プログラムが考えられます。

【例】「地域の特産品を開発しよう」
① オリエンテーションでこれからの学習の流れや意義を理解して,目標をもつ。
② 小グループに分かれ,仮想会社を設立し,役割分担をする。
③ 地域の特産物や実情,人々が求めるものなどを調査する。
④ 今後の計画を立てる。
⑤ 地域性を生かした商品アイデアを出し合い,試作品を作り,専門家に批評してもらう。そのアドバイスを参考にさらによい商品を開発していく。
⑥ その商品や購入対象者に合った宣伝方法を考える。
⑦ 学校の行事や地域の商工会祭りなどで販売をする。
⑧ 収支決算をして,振り返りを行う。

　この過程において,各自がそれぞれの仕事(役割)に責任をもって会議で企画を提案し,全員でさまざまな角度から検討し,実行に移します。そのなかで,キャリアプランニング能力はもちろん,人間関係形成・社会形成能力,課題対応能力の育成が期待でき,キャリア教育の要素はふんだんに詰まっています。
　最終的に「商品が思うように売れなかった」という失敗体験は,アントレプレナーシップ教育のなかでは成功のひとつと考えます。振り返りによって,「なぜ売れなかったのか」「どう改善すれば売れるようになるのか」に気づき,つぎの新たな挑戦に意欲を燃やすことがアントレプレナーシップには必要です。もちろん成功体験は「またやりたい」「もっとやりたい」「さらにいいものを作りたい」というステップアップへの道につながります。
　また,何かを販売して収益をあげなければアントレプレナーシップ教育にならないかというと,決してそうではなく,他にも,「地域への提言」「企業のイメージキャラクター提案」「イベント企画」などさまざまな活動が考えられます。商品開発・販売であろうと提言であろうと,培われる能力は同じです。
　このように新しい価値へ挑戦するアントレプレナーシップ教育は,社会

人として自立する「生きる力」を育むものであり，キャリア教育に位置づけても問題はないでしょう。

3．地域とともに育むアントレプレナーシップ

　販売や発表の前に，企業などの経営者側と消費者側の両方のアドバイザーの協力が必要とされます。専門家から見て，「商品のよさが十分アピールできていない」「似たような商品がすでにある」というような批評や，消費者側からの「もう少し甘さを抜いた方が大人にも食べられる」「ばら売りがあった方が便利」というようなアドバイスをいただくことによって，よりよい商品の開発への意欲に結びつきます。また，企業の方を講師に招き，実際に企業でプレゼンテーションをするときのノウハウを指導していただく場面もあるとよいでしょう。地域の人材活用が重要になってきます。

　地域とつながることによって，子どもたちのなかにも地域の一員としての自覚が芽生え，さらには社会参画や地域貢献の意識が生まれてきます。それこそまさにキャリア教育です。

（木村智佐子）

7 コミュニティ・スクールにおけるキャリア教育

Question

コミュニティ・スクールが広がっているようですが，キャリア教育にどのような効果があるのでしょうか。

Answer

　「コミュニティ・スクール」とは，地域コミュニティが学校運営に積極的に関与し，地域に根ざした教育を推進する学校のことです。学校運営協議会（学校・保護者・地域）でどんな学校にすればよいか，どんな教育をしてもらいたいか，そのためにはどんな教員に来てもらいたいかなどを討議します。もちろん，協議するのは人事だけではありません。学校経営方針，教育目標，教育課程，学校評価等の学校運営に参画します。つまり，住民や保護者は学校運営にかなりの権限をもちますが，それだけの責任も負うことになります。学校と家庭と地域がそれぞれ当事者意識をもって，ともに手を携えて子どもの人間力と社会力を培っていくという基本的な理念を実現していくシステムといえます。平成23年4月1日現在，全国で32都道府県789校がコミュニティ・スクールに指定されており，年々増加しています。

　地域ぐるみでキャリア発達を促す学習の支援をするコミュニティ・スクールの具体的な内容や委員会の組織，そのメリットなどについて紹介します。

1．コミュニティ・スクール委員会の組織と活動

　コミュニティ・スクールを運営していくにあたっては，委員会を設置します。構成員は学校代表（校長・副校長・主幹教諭等），保護者代表（PTA会長等），地域代表（青少年対策委員会会長等）で，年に数回のコミュニティ・スクール委員会を開き，学校運営について協議していきます。
　組織はさまざまですが，ほとんどの場合，そのなかに教育ボランティアに関わる部会やキャリア教育を支援する部会を設置します。その支援によって，学習の幅が広がります。以下に具体例をあげます。

（1）職業理解学習
　職業理解学習，職業人の話を聞く会などで，地域の職業人を講師として招く場合，コミュニティ・スクール委員会に依頼すると，人数，男女比，職種などの要望に応えて，講師を紹介することができます。少人数のグループで話を聞くために多数の講師を招きたいときなどは，特に有効です。

（2）職場体験
　「昨年度は受け入れてもらえた事業所が，今年度は都合が悪くて受け入れてもらえない」「生徒数が増えたので，事業所が足りない」「事業所に偏りがあるので，職種を拡げたい」など，どの学校でも職場体験の受け入れ事業所の決定には毎年苦労があるでしょう。そこで，コミュニティ・スクール委員に依頼をし，新たに事業所を紹介してもらいます。事業所側も地元の方に頼まれると承諾しやすいと思います。

（3）さまざまなキャリアを生かした学習
　その他にも，伝統文化理解，プレゼンテーション能力向上，アントレプレナーシップ教育，将来の人生設計などの学習に，講師あるいは学習サポートを依頼することができます。
　以上の活動は，地域に密着した学校であれば可能です。しかし，コミュニティ・スクールでは，それが組織的に行えます。

2．コミュニティ・スクールのメリット

　キャリア教育につながるコミュニティ・スクールのメリットをあげると，以下のようになります。

（1）子どもたちにとって
　地域の人たちと接することにより，
① 多様な価値観にふれることができる。
② 地域への愛着心や地域の一員としての自覚が生まれる。
③ 社会性・マナー・コミュニケーション能力を一層育てることができる。

（2）学校にとって
　地域の人たちの力を借りることによって，
① 今までできなかったことを実現することができ，学習の幅が広がる。
② 授業などの教育活動に，専門的なアドバイスを受けることができる。
③ 教員とは異なる視点からの提案が受けられ，広い視野に立った新しい授業づくりを工夫することができる。
④ 子どもの実態について地域との共通理解を図ることができ，学校での問題を地域の問題として活動を進めていくことができる。

（3）地域の人たちにとって
① 今までの知識が教育や児童・生徒に役立つことで，充実感を得ることができる。
② 知識や技能などを，さらに向上していこうとする意欲が生まれる。
③ 子どもたちと顔見知りの関係になることにより，普段から地域でつながりをもつことができるようになり，地域の安全安心につながる。

3．コミュニティ・スクールとキャリア教育

　キャリア教育は全教育活動で行うもの→子どもが生活している世界全体が教育の場→子どもが生活している世界とは，家庭＋地域＋学校＝コミュニティ・スクールという関係図が見えてきます。これはキャリア教育のあるべき姿ともいえます。

　コミュニティ・スクールを作るのは，教員だけでは無理ですが，学校が中心になって，キャリア教育に関わる部分については，同じような組織を作ることが可能でしょう。

（木村智佐子）

8 中学生のキャリアマナー育成について

Question

中学校におけるキャリアマナーの育成について,どのような取り組みがあるのでしょうか。

Answer

　キャリアマナーの育成は,一般的に基礎的・汎用的能力における人間関係形成・社会形成能力(特にコミュニケーション能力)の育成を目的として行われるものです。職場体験学習の事前学習として行われるものや,高校入試に備えた面接練習だけではなく,生徒の実態に応じた学習の場が,計画的・継続的に準備されることが望ましいと思われます。つぎに紹介する佐賀県鳥栖市立田代中学校「マナー検定」の実践例を参考に,各学校の実態に応じた取り組みを計画してください。

1．マナー検定の目的

　学校全体で取り組むキャリア教育として位置づけ,基礎的・汎用的能力における人間関係形成・社会形成能力の育成を図ることを目指しています。具体的には,礼儀・マナーの理解と実践力やコミュニケーション能力の向上等,社会的自立のための能力を育成することを目的とします。この目的を実現するために,生徒の発達段階に応じた指導計画を作成し実施しています。

第4章　他校や地域との連携のポイントとは？

2．面接官と評価者

① 面接官は校長や教頭など1名か2名。
② 面接のねらい。生徒の思いを引き出し，その思いに共感するとともに，思いや行動を価値づけ評価する。そして，日常生活のなかで継続するよう意欲づける。
③ 担任が評価者となり，面接官の横で評価表にもとづき評価する。後日，個別にマナー検定の評価を伝え事後指導する。姿勢態度や服装，発言の仕方や内容等について，主によかった点を評価し，日常生活で継続するよう意欲づける。

3．マナー検定（面接）の実際

④ 6名程度のグループで集団面接形式。
⑤ 1単位時間で実施（50分）。（学級活動として位置づけている）
⑥ 面接会場は校長室や会議室を使用。
⑦ 生徒は副担任等の指導により，教室から面接会場に移動し待機する。
⑧ 1グループずつ集団面接を受ける。
⑨ 面接官は，必要に応じて指導する。
⑩ 質問内容は，事前に生徒へ示す。目標項目や今頑張っていること等，誰でも答えられる質問を事前に通知する。
⑪ 面接終了後，教室で自己評価表記入。
⑫ 事前指導は，学級活動1時間程度。
（礼法指導・敬語指導等）

4. マナー検定における質問項目

⑬ 質問は一問二答形式で行い、生徒に示している努力目標等、誰でも答えられる平易な内容や、実際に取り組んでいることについて質問する。
⑭ 平成24年度は、生徒目標、将来の夢等について質問した。

5. まとめ

　マナー検定は、生徒一人ひとりが面接官に対して、自分の思いや考えについて表現する場です。生徒は、礼儀やマナーについて学習したり、自分の思いや行動に共感・賞賛してもらったりすることで、自己を振り返り改善しようとする向上心が芽生えます。マナー検定は、生徒の主体的な学習の場となり、やらされているという態度はまったく見られません。で生徒

第4章 他校や地域との連携のポイントとは？

の思いを引き出し、その思いに共感する、思いや行動を価値づけ評価する、日常生活のなかで継続するよう意欲をもたせる。校長等が生徒一人ひとりに丁寧に面接・対応することで、礼儀・マナーの理解と実践力、コミュニケーション能力の向上等、社会的自立を育み人間関係形成・社会形成能力を育成するマナー検定を今後も推進していきたいと考えています。

(池之上義宏)

COLUMN -こらむ-
～卒業してどの職業に就いている？～

文部科学省の行った平成27年度「学校基本調査」には，高校と大学における卒業後の職業別就職者数がまとめられています。これを見ると，高校卒業者は生産工程従事者，サービス職業従事者に就職している人が多く，大学卒業者は専門的・技術的職業従事者，事務従事者，販売従事者が多いようです。

「学校基本調査」には，他にも通信制高校，短期大学，大学院などの統計がまとめられています。 ※中学卒業後の就職者数は産業別のみ。

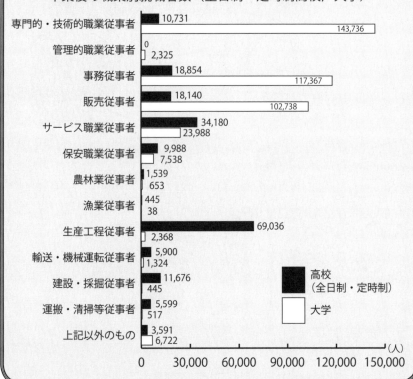

卒業後の職業別就職者数（全日制・定時制高校，大学）

職業	高校（全日制・定時制）	大学
専門的・技術的職業従事者	10,731	143,736
管理的職業従事者	0	2,325
事務従事者	18,854	117,367
販売従事者	18,140	102,738
サービス職業従事者	34,180	23,988
保安職業従事者	9,988	7,538
農林業従事者	1,539	653
漁業従事者	445	38
生産工程従事者	69,036	2,368
輸送・機械運転従事者	5,900	1,324
建設・採掘従事者	11,676	445
運搬・清掃等従事者	5,599	517
上記以外のもの	3,591	6,722

第5章

こんなときはどうする？

1 学習意欲とキャリア教育

Question

キャリア教育をとおして学習意欲を高めるための工夫等について教えてください。

Answer

　一般にキャリア教育をとおして，しっかりと将来の目標をもたせることが学習意欲の向上につながることは周知のことです。しかし，自己理解がしっかりとできていなかったり，十分な職業理解ができていなかったりすれば，将来の目標といってもそう簡単なことではないし，中学校の時期は将来の夢や希望も変わっていく時期です。また，キャリア発達も一人ひとり個人差があり，一斉指導にも限界があるので，一人ひとりのキャリア発達に応じてガイダンスを充実させることが強く求められています。

　全般的なキャリア教育をとおして学習意欲を高めることだけではなく，キャリア教育として実践される一つひとつの学習について，さまざまなことへの意欲を高めることを意識して取り組めば，学習意欲の高まりにもつながり，よりキャリア教育をとおして学習意欲を高めることができると考えられます。

　そこで，教科指導においては，学習意欲を高めるために各教科への興味関心を高めたり，自分にもわかる・できるといった自己肯定感や充実感をもたせたりするなど工夫改善をします。このことを，例えば中学校で定着している職場体験学習について，今一度見直して実践すれば，さまざまな

第5章 こんなときはどうする？

ことへの意欲が高まり，学習意欲の高まりにつながると考えられます。

1．職場体験先選び

　まず，職場体験学習の職場選びについて，単に決められた職場から選ぶのではなく，さまざまな職場の人たちの話を聞いたり，職場訪問をしたりして職場を選ぶことで，職場への関心意欲を高めることができます。

　また，生徒同士がお互いの職場を選んだ動機等について，発表し合ったり話し合ったりすることで，よりしっかりとした動機につながり，職場体験への意欲が高まります。従って，職場体験学習の職場選びの前に，職場についてのさまざまな情報などを学習することは，ぜひ取り入れておきたい学習です。

　また，生徒に職場体験先を探させる学習も効果的です。体験先を探すために自分の興味関心を確認できたり，探すための苦労を体験することで，決まったときの喜びを感じることができたりなど，意欲だけでなく充実感も味わえます。

2．事前学習・事後学習

　つぎに，職場が決まり，職場体験に向けての心がまえや態度，職場体験の目標等についての学習を十分行うことや職場体験に向けての打ち合わせをとおして，職場体験への不安を少しでも解消でき，より自信をもって職場体験を迎えることができます。

　そして，職場体験において，事前に学習したことが具体的に生かされることで，改めて事前にしっかり学習することのよさを実感できます。また目標がしっかりしていることで，職場体験をとおしてやるべきことがはっきりしてくるので，職場体験に意欲的に取り組めます。そして，体験中に失敗はあっても，職場体験をとおして成功体験を得ることにつながりやすくなります。成功体験は自己肯定感をもつことにつながり，他のことへの意欲にもつながっていきます。また，職場体験を成し遂げたことにより，充実感を味わうこともできます。

　最後に，職場体験を終えた後の学習において，職場からの評価をいただいたり，お礼状を作成するために職場体験を振り返ったり，生徒同士がお互いの体験を発表して話し合ったりすることで，お互いの体験を認め合い，共有して，意欲や自己肯定感をもたせることにつなげることができます。

第5章　こんなときはどうする？

3．意欲的に取り組むことのよさを実感

　このように，進路に関する学習において，意欲づけをして取り組ませ，体験などをとおして自己肯定感や充実感を味わわせることを意識して行えば，意欲的に取り組むことのよさを少しでも実感できます。そして，意欲的に取り組むことのよさを実感することが，さまざまなことを意欲的に取り組むようになることにもつながります。

　例えば，スポーツでも何かひとつのことに意欲的に取り組める生徒は，他のことにも意欲的に取り組めるものです。これは，ひとつのことに本気で一生懸命取り組むことがよい結果につながることで，何事にも意欲的に取り組むことの大切さを理解し，生きていくうえでのひとつの経験となっているからです。

　このように，進路指導全般をとおしてだけでなく，生徒が一つひとつの進路に関する学習を意欲的に取り組めるように工夫することで，意欲的に取り組むことのよさを味わわせれば，それが経験となり，学習意欲にもつなげることができます。進路に関する学習は，一人ひとりの将来の生き方を考える学習でもあるので，その効果は確かなものであると考えます。

（志水卓郎）

2 自己を見つめ続けるキャリア教育

Question

キャリア教育の最初に自己理解の学習を行っても，他の学習とうまくつながらない気がします。何かよい方法はありますか。

Answer

　自己理解の学習を，キャリア教育のスタート時に取り入れるという学校が多いでしょう。しかし，はじめに行ったら終わりということではありません。中学校3年間のなかで継続していくことが大切です。人間は日々成長し，変化していきます。ですから，常に自分を見つめ，自分を振り返ることが必要であり，それによって自己理解が深まっていきます。いくつかのプログラムをあげて自己理解の学習の進め方を紹介します。

1．自己理解とは

　自分を知るということは，自分の性格，趣味，好み，興味・関心，行動，能力，自分を取り巻く環境など，さまざまなことを知ることです。そして，自分を知ることが，自分の将来の夢や仕事の適性を見つけたり，自分の夢の実現のためにどんな努力をすればいいのかを確認したりすることにつながっていきます。

　さまざまな学習や活動の後に，自分で振り返りをするとともに，他の人から評価してもらうことも大切になります。自己評価と他者からの評価を

行うことで，自己理解はより深まっていきます。

2．進路学習と自己理解

（1）自己紹介
　中学校に入学すると，まず行うのが自己紹介ですが，これをただの学級開きの活動にせず，自己理解のための目標を設定し，進路学習に位置づけるとよいでしょう。新しい学級の仲間に自分の何を知ってもらいたいかということをじっくり考え，自分が小学校でどんな生活をしてきたか，これからの中学校生活で何がしたいかをまとめる大切な時間となります。さらに，他の人の自己紹介を聞きながら，他者理解をしていくことができます。自己理解と他者理解は常に関わり合っていきます。

（2）係や委員決め
　自分の特徴を理解しながら学級内や学校内の役割を決めていくことも重要な自己理解の学習です。自分が興味のもてる仕事，自分の力が発揮できる仕事という視点で考え，役割分担をします。また，みんながやりたがらず，なかなか決まらない役割があったときに，自分はどう考え，どう動いたかなどを振り返らせるのもよいでしょう。後期になって，お互いの特徴が理解し合えたところで，各仕事の適任者選びをするのも効果的です。自分では見えていなかった他者から見た自分の姿を知る機会となり，自己肯定感や自己有用感をもつことにつながります。

（3）職業理解
　職業調べや職場体験の取り組みのなかでも自己理解の学習は継続されていきます。
　自分は何のために働くのか，何を重視して仕事を選ぶのがよいのか。その答えはひとつではありません。自分の特徴や職業に対する考え方にそって，各自が答えを出していくものです。また，職業理解の学習を進めていくなかで，その答えが変化していくこともあるでしょう。それと同時に自

己理解も深まっていくはずです。

　職場体験では，職場選び，職場に事前に渡す自己PRカード作成，体験の振り返り（活動の反省や職業に対する考え方の変化など）によって，自己を見つめる機会は多くあります。

　指導計画のなかに意図的に組み入れ，その目的や目標を生徒に明確にしていくことが大切です。

（4）将来の夢・人生設計

　5年後，10年後，20年後の自分の人生について夢をもって描く学習は多いですが，そこに生まれたときからの現実の歩みをつなげてみるとよいでしょう。0歳から70歳，80歳までの過去・現在・未来を描くことによって，自分の特徴を知り，長い人生における現在の位置を確認させます。すると，長期的目標が定まり，短期的目標が見えてくるでしょう。

（5）進路希望調査

　3年生になって進路希望調査を行うとき，ただ希望校や職種を記入するのではなく，第1回目であれば現在までの自分を振り返って，自己の特徴と将来の夢を確認してから記入させます。また，その進路を選択した理由を自分の言葉でまとめさせることも忘れてはなりません。2回目以降であれば，進路選択において自分が重視する条件と自分の希望の進路とを照らし合わさせます。現実に入試が迫ってくると，友だちや先輩の言葉に振り回されたり成績だけで決めたりする生徒が出てくるので，しっかり自己を見つめながらの進路希望調査になるようにしましょう。

第5章 こんなときはどうする？

3．学習を実りあるものにするために

まとめとして，以上の学習を実行し，効果あるものにしていくために大事なことをあげておきます。

（1）キャリア教育計画
当然，各校でキャリア教育の計画は立てているでしょうが，自己理解，職業理解，将来設計などを発達段階に応じて系統性のわかりやすい表にまとめ，全教員で実践していくことが重要です。進路指導主任が学校全体を見て推進していく体制が整わないと，学年によって教員の好みで違う指導がなされるという古い体質は改善されません。

（2）ポートフォリオ
自己理解の基本となるのが自己の記録です。小学校からのキャリア教育の学びの記録をファイリングし，自己評価に生かせるようにしましょう。そのためにも，小中の連携は重要です。

（木村智佐子）

3 キャリア教育における啓発的経験の充実

Question

キャリア教育における啓発的経験を
充実させるにはどうすればよいでしょうか。

Answer

　進路に関わる啓発的経験とは,「生徒がいろいろの経験をとおして,自己の適性や興味などを確かめたり,具体的な進路情報の獲得に役立つ諸経験の総称」(昭和59年・文部省『中学校・高等学校進路指導の手引き／啓発的体験活動編』より)であり,その意義は,生徒の観念的・抽象的な自己理解や進路情報の理解に,具体性や現実性を与えることにあるとされています。

1．中学校における啓発的経験の機会

　中学校における啓発的経験の機会として,以下のようなものがあげられます。

(1) 教科・科目や道徳における経験

　各教科や道徳の学習は,それぞれ教科や道徳の目標に従って行われますが,将来の進路選択やその後の適応,自己実現に関連する部分が多く,キャリア教育の視点から見れば,啓発的経験の機会と見ることができます。

また，総合的な学習の時間のねらいは将来の生き方に関わるものです。

（2）特別活動における経験

学級会活動や生徒会活動における学校・学級生活での諸問題の解決を図る活動は，集団内における役割認知の体験や改善・向上の体験として，将来の生活に大きな関わりをもつものです。学校行事の体験から得る経験は大きく，特に「勤労・生産的行事」は，職業観・勤労観の育成のために不可欠の行事であるといえます。

（3）校外における経験

家庭や地域社会のなかでいろいろな仕事を積極的に分担する経験は，その生徒の進路成熟を促す意味で極めて大きな意味をもつものといえます。
　このように，キャリア教育の視点をもって見れば，日常生活のすべての体験がキャリア教育における啓発的経験を得る機会になりうると考えられますが，そのためには生徒たちの体験を経験にまで高める指導を計画的に進める必要があります。一方，社会体験の機会については，単に生徒の日常の諸経験を，進路に関わる啓発的な経験として意識し，生かすことができるよう指導することだけでは十分とはいえなくなってきており，学校は，幅広く豊かな社会体験から啓発的経験が得られるよう，積極的に取り組むことが求められています。

校外清掃

シニアハウス訪問

2．体験的活動充実のためのポイント

　職場体験学習などの体験的な活動を充実させるためのポイントとして，つぎのようなことがあげられます。

① 教育活動における位置づけ，ねらいや育成したい資質・能力等を明確化する。
② 発達段階や地域の実態を踏まえる。
③ 事前・事後指導を工夫する。
④ 評価の工夫と改善を図る。

（1）位置づけやねらい等の明確化
　活動のねらいの明確な意識づけがなされ，体験から得た経験と自分の進路とのつながりを考えることによって，啓発的経験としての効果を得ることができます。従って，啓発的経験を実施する際には，具体的にどのような生徒の変容が見られれば，ねらいが達成できたと考えられるのかをできる限り明確に示すとともに，学校の教育活動全体において体系的に進めることが大切です。

（2）事前・事後指導の工夫
　職場体験などの啓発的経験を得させるための学習活動をただ単発で行ったのではあまり教育効果は得られません。
　事前の学習では，体験活動の意義の理解を図ったり，生徒指導上あるいは生活安全上の諸注意を与えたりするだけではなく，その体験をとおしてどのような経験を得てきたらよいのかという視点を与えておくことが必要です。そのための学習として，「体験や体験先に関する情報を収集させる」「これまでの進路学習の経験を振り返らせる」「現在の自分自身について振り返らせる」などが考えられます。
　事後の学習では，体験について自己評価を行わせたり，感想文にまとめさせたりするだけではなく，それぞれが体験をとおして得た経験や内面の

変化を交換し合うことで，新しい視点を見出させたり，自分の得た経験を再確認させたり，さらなる情報収集への意欲を喚起するなどしていくことが大切です。そのような場として体験報告会のような情報交換の機会やシェアリングのような少人数での意見交換の場を設けたりしていくことが必要であると考えられます。さらに将来の進路設計・計画についての指導を計画的に実施していくことにより，体験が体験だけに終わらず，高まった進路学習への意欲に答えるものとなっていくと思われます。同時に，体験によって理想と現実のギャップにぶつかった生徒に対しては，それを乗り越えていけるような適応指導としての進路相談を実施していくことも忘れてはなりません。

（3）評価の工夫と改善

　指導と評価の一体化を図る努力をしなければ，体験学習による生徒一人ひとりの成長の過程を見取ってやることはできず，より豊かな体験となるよう支援の手立てをさしのべていくことができません。

　そのために，「活動のねらいや育成する資質・能力を明確化する」「具体的な評価規準を作成する」「ポートフォリオを活用するなど評価方法を工夫・改善する」「評価を生かして支援を行う」などをしていくことが大切です。

（三上正明）

4 キャリア教育における教員の意識や指導力の向上と実施体制

Question

キャリア教育に取り組んでいますが,教員によって取り組みに差があるように感じます。どうしたらよいでしょうか。

Answer

　全体計画を立てても,実践するのは各教員ということになりますので,キャリア教育についての理解に差があれば,当然,取り組みにも差が出てきます。その場合は,つぎのように対処してみてはどうでしょうか。

1．推進体制の整備

　まず,校長は教員に対してキャリア教育の教育的意義についての共通理解を図ることが大切になります。特に,中学校においては,このキャリア教育の教育的意義の共通理解こそが,進路指導との関連を明確にするために欠かせないこととなります。また,教育課程における位置づけについての考えを全教員に示さなければなりません。その実施に向けて,例えば「キャリア教育推進委員会」等の校内組織を整える必要があります。これらを機能させ,全教員が互いに連携を密にして,キャリア教育の指導計画を作成し,円滑な実施に努めていかなければなりません。
　さらにキャリア教育では,家庭,地域,各種団体,さらに教育委員会など学校関係者,あるいは外部の人材による支援が欠かせません。また,学

第5章 こんなときはどうする？

校の設置者からの，推進に必要な施設・設備など予算的な支援も必要となります。そのために，校長は，自校のキャリア教育の目標や教育内容，実践状況などについて積極的に情報発信し，広く協力を求めることが重要です。

　中学校においては，常に複数の教員が生徒の指導にあたるため，ややもすれば教員間の連携がうまく図れないことがあります。そのため，各学校では校長の方針にもとづき，キャリア教育のねらいが達成できるように，全教員が協力していくことが大切であり，しっかりとした校内の推進体制を整える必要があります。校内推進体制の整備にあたっては，全教員がキャリア教育の目標を共有しながら，適切に役割を分担していかなければなりません。また，それは校内のみでなく，保護者や地域の人々をも視野に入れておくことが求められています。

2．これまでの進路指導体制との整理

　さらに，中学校では校内の推進体制において特に留意しなければならないことがあります。それは，これまでの進路指導の体制とキャリア教育の体制との関連をどのように整理していくか，ということです。整理の仕方として主な考え方は2つあります。

　ひとつは，これまで進学先や就職先の決定をめぐる指導を中心に担ってきた体制（「進路指導部（係）」などと呼ばれる組織の中心的な役割が，事実上，進学先や就職先の決定をめぐる指導に限定されてきた学校も少なくない）とキャリア教育の体制をそれぞれ別に作り，共存させていくこと。もうひとつは，進路指導とキャリア教育の体制を統合させ，キャリア教育にこれまでの進路指導を包含して推進する体制としていくことです。他にも考えられるでしょうが，いずれにしても，各学校の実態に即した目標達成のための創意ある体制を整えていくことが大切です。

　そのなかでも学級担任は，道徳，総合的な学習の時間，特別活動および担任する学級の教科において，直接的な指導者としてキャリア教育に関わる授業を進めていくこととなります。

　また，教科担任は，受けもった学級の生徒全員にキャリア教育を実践していきます。そして，特別活動における学校行事や生徒会活動のように全校生徒規模に直接作用する場合もあります。さらには，体験活動など学校外との連携のためのキャリア教育を専門的に担当するセクションとの協力も必要となります。

　このように，複数の全教員が連携してキャリア教育を行っていくには，前述したとおり，キャリア教育を全校規模で推進できるような指導体制を，各校が工夫を凝らして整備していくことが必要となります。

　さらには，全教員が自分の学級や学年だけでなく，他の学級や学年の実施状況を，十分把握しておくことが大切になります。その意味で，各学校は組織をあげてキャリア教育の実践をさまざまな形で，他の学級や学年の教員と共有する必要があります。

第5章 こんなときはどうする？

3．授業研究・授業公開

　また，キャリア教育に関する授業研究，授業公開も必要です。さらに，全教員で実践状況を紹介し合い，互いに高め合うようなワークショップを行うことも学校全体のキャリア教育の推進状況を確かめ合うことができ，同時に教員の共同性を高めることにもつながります。

　例として，本校では毎年，教員に対するキャリア教育研修会を開いています。また，各学年に2名ずつキャリア教育兼総合的な学習の時間の担当を配置し，そのうちのひとりが進路事務を担当し，キャリア教育主任は別に学校全体を見渡し，毎週推進委員会を開いています。さらに，キャリア教育に関する校内研究をし，研究授業も開催しています。

（小川敦史）

5 キャリア教育における評価活動の充実

Question

キャリア教育における評価活動を
充実させるにはどうすればよいでしょうか。

Answer

　キャリア教育が学校の教育活動に位置づけられるならば，そこには目指すべき目標が設定され，その目標の達成のために立てられた指導計画にもとづいた指導が行われなければならず，指導後には指導の過程や成果を検討・評価し，指導の改善に努めなければなりません。また，指導にあたっては，生徒のよさや進歩の状況を評価し，意欲の向上につなげていくことが必要です。

1．キャリア教育の評価の課題

　キャリア教育の評価は，教科ごとに行われている評価とは違い，いまだに具体的な手順や方法などを明確にして実施されていないのが現状であると思われます。この要因として，つぎのような点をあげることができるでしょう。

　① 学校におけるキャリア教育の理念や指導目標の理解や認識が不十分である。

② 各学校のキャリア教育の指導計画等が地域・学校の実態に合っておらず，生徒のキャリア発達の育成・支援にうまく役立てられていない。
③ キャリア教育の推進にあたる進路指導部等と担任や各教科等の教員間の指導・評価に対する共通理解が図られていない。
④ キャリア発達の評価の方法等に関する知識・理解が不足している。
⑤ 小・中・高の連続性・系統性や社会的・職業的自立の基盤となる「基礎的・汎用的能力」の育成の視点に立ち，指導計画の見直しが求められている。

　これらの課題を検討・改善し，適正な評価活動を行っていかなければ，キャリア教育が学校の教育活動にきちんと位置づけられているとはいえません。また，指導の改善を図ることや生徒のキャリア発達の状況を評価し指導に生かすことができません。

2．評価活動によるキャリア教育の改善

　指導と評価の一体化は，PDCAサイクルの流れのなかで指導と評価が相互に作用し合いながら同時に行われていくことにより，具現化していくものと考えられます。
　また，実践における「形成的評価」と支援，指導の軌道修正により，生徒一人ひとりの成長や発達に応じた指導が可能になります。従って，キャリア教育を実践するにあたっても，PDCAサイクルを確立して，計画的に評価活動を実行していくことが求められています。

3．評価にあたっての留意点

　評価には，「指導の改善や方向づけをする」「学習者自身の学習や努力の直接的方向づけをする」という役割があります。そこで，指導にあたっては，つぎの点に留意して評価活動を進める必要があります。

① 各学校の生徒の実態やキャリア発達段階にもとづき，指導のねらいや活動の目標を明確にする。
② 指導計画を立てるためにあらかじめ生徒たちの能力を診断する。
③ 観察やテスト・作業実績から指導の成果を把握し，つぎの指導の参考にする。

また，形成的評価を行っていくためには，つぎの点に留意する必要があります。

① 生徒一人ひとりの活動の様子や成果，成長の過程やキャリア発達の状況等を計画的に評価していく。
② 指導しながら生徒たちの活動の様子を見取って指導活動の軌道修正を図る。
③ 教員からの評価だけでなく，生徒による自己評価，相互評価等の活動を行わせる。

4．評価の方法と指導への活用

それぞれの教育活動の特質や評価の目的に応じ，評価方法，評価の場面や時期などについて適切な方法を工夫し，それらの積み重ねによって指導や生徒の成長の状況を総合的に評価し，その後の指導に活用していくことはとても大切です。

（1）アウトカム評価とアウトプット評価

アウトカム評価は，生徒の能力・態度が現在の状態からどれだけ目標に向かって変化したか（意識や行動の変容）を評価し，その後の指導に生かすもので，つぎのようなものがあげられます。
① 指導過程での行動等の変容を観察する。
② 感想文やワークシート等の記入物の累積によるポートフォリオを評価する。

第5章 こんなときはどうする？

　③ テストや意識調査，面談等を活用する。

　アウトプット評価は，どれだけの指導を行ってきたか，指導の内容・方法は適切であったかなどを総括し，次年度等の指導計画を再検討するもので，つぎのようなものがあげられます。
　① 学校自己評価等においてキャリア教育の成果と課題を検討する。
　② 教員が指導を振り返り，自己評価する。
　③ 保護者・地域などによる評価や学校関係者評価等により，教育活動を振り返る。

（2）ポートフォリオ評価
　ポートフォリオ評価は，生徒の学習活動の成果を継続的にファイルし，必要に応じて整理させたり，振り返らせたりするもので，つぎのような効果が期待できます。
　① 生徒の成長を継続的に評価したり，生徒を丸ごと評価したりすることができる。
　② 自分自身のよさや可能性・キャリア発達課題の達成度の理解，新たな課題発見や目標づくりなどを促すことができる。

（三上正明）

6 キャリア教育の改善

Question

キャリア教育に取り組んできましたが，目標どおりにいっていません。どのように改善したらよいのでしょうか。

Answer

1．到達目標の設定

　キャリア教育の実践がより効果的な活動となるためには，各学校における到達目標とそれを具体化した教育プログラムの評価の項目を定め，その項目にもとづいた評価を適切に行い，具体的な教育活動の改善につなげていくことが重要です。

　その際，到達目標は，一律に示すのではなく，生徒の発達の段階やそれぞれの学校が育成しようとする能力や態度との関係を踏まえて設定することが必要です。また，評価の実施にあたっては学校評価等を生かし，その評価の結果を公表していくことが重要です。

　教育活動の改善にあたっては，評価の結果にもとづき，教員一人ひとりが日常の授業や学習活動を見直し，その問題点や課題解決に取り組む姿勢が基本となります。以下のような視点で，授業をはじめとする教育活動全般の見直しを図ることが重要です。

　例としては，つぎのようなことがあげられます。

① 授業の目標が明確であるか。
② 指導内容が生徒の発達段階に合っているか。
③ 学習指導の方法が生徒の実態に合っているか。
④ 効果的な授業形態を採用しているか。
⑤ 教材や補助教材を適切に活用しているか。
⑥ 外部人材や地域・文化の教育資源を効果的に活用しているか。
⑦ 進路学習が各教科等の学習と有機的に結びついているか。

2．評価を受けての改善

　また，学校評価などの教育活動の評価結果を受けて，教員間はもとより保護者や地域の関係諸機関等との連携により，改善に関わる情報交換を行います。その結果，それぞれが抱えている課題を明確にしたうえで改善の具体策について検討することも考えられます。さらに，教育活動を進めるうえでの課題を解決するためには，研究授業や校内研修会を一層充実させることが重要です。

平成25年度 総合的な学習の時間 全体計画

生徒の実態	学校教育目標	保護者の願い
・大規模校のため、集団での活動が大変である。 ・学習意欲に個人差がある。 ・あいさつができる。 ・行事等に燃えて活動する。 ・判断力が不足している。 ・掃除の徹底が不十分である。	咲かそう こころの花（徳育） 思いやりあふれる心 知恵の花（知育） 自ら考え，創り，解決する力 健康の花（体育） 粘り強くたくましい体	・元気に生活してほしい。 ・学力を向上させたい。 ・将来のことを考えて生活してほしい。

地域の実態
・海軍21航空機のあった地域である。
・新興住宅地を多く抱えている。

総合的な学習の時間の目標
① 生徒の成長を踏まえた3年間の横断的・総合的な学習や探究的な学習とする。
② 自ら課題を見つけ，自ら学び，自ら考え，主体的に判断し，よりよく問題を解決する資質や能力を育成する。
③ 学び方やものの考え方を身につける。
④ 問題の解決や探究活動に主体的，創造的，協同的に取り組む態度を育てる。
⑤ 生徒があこがれを志に高めることを図り，自己の生き方を考えることができるようにする。

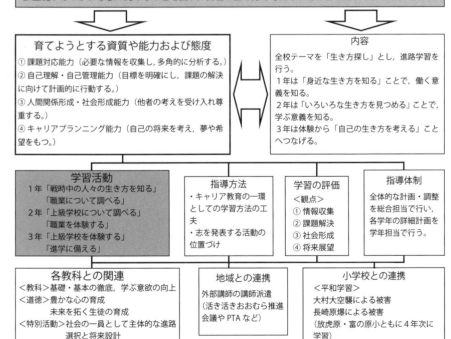

158

指導計画の改善にあたっては，評価結果を踏まえ，できるだけ客観的・多面的な視点で検討を行い，改善策を準備することが重要です。特に，次年度への改善に向けては，その時期を考慮したうえで，教員の情報交換の機会を設定したり，キャリア教育推進委員会を開催したりするなどして，改善策を十分に検討することが必要です。

　また，単元ごとの評価や職場体験活動の評価など，複数の評価結果を集積することによって総合的に検討することが大切です。そのためには，生徒の学習状況と指導計画の実施状況について振り返ったり，計画と実際とのずれを分析したり，活動における生徒の自己評価やポートフォリオから特徴的なエピソードをまとめたり，生徒や保護者，地域の人々にアンケート調査を実施したりするなど，学期末・学年末のみならず，平素から指導計画の具体的な改善に努めることが望まれます。

3．チェックシートの活用

　なお，キャリア教育を進めていくためには，各学校がそれぞれ創意工夫した計画を着実に実践していくことが必要です。その際，自校の取り組みや校内研修のあり方等について「チェックシート」の活用により客観的な点検を実施することが肝要です。

　本校の例をあげると，

① 授業研究会をするごとに，課題を掲げての授業の改善。
② 総合的な学習の時間の見直し。
③ 外部人材を用いた講話の充実。
④ 各教科等のキャリア教育に関わるカリキュラムの見直し。

　などを行い，推進委員会を経て，次年度に向けた取り組みを始めています。

（小川敦史）

7 キャリア教育の評価

Question

キャリア教育の評価をどのように行い，どのように生かしていけばよいでしょうか。

Answer

キャリア教育における評価を行うためには，その前提としてつぎのような校内体制の整備が不可欠です。

① キャリア教育の視点を踏まえ，育てたい生徒像（育成したい能力や態度）を明確にする。
② 学校教育目標にキャリア教育を位置づける。
③ キャリア教育推進に係る全教員の共通理解。
④ キャリア教育全体計画および学年別年間指導計画の作成。

ここでは，評価の考え方や，評価の中心である「生徒の成長や変容に関する評価」について，『中学校キャリア教育の手引き』（文科省，平成23年3月）や『キャリア発達にかかわる諸能力の育成に関する調査研究報告書』（平成25年・文科省）を参考に，重要な点についてまとめました。

1．キャリア教育実践の評価の考え方

　キャリア教育に関する評価は，計画にもとづく実践をとおして生徒に見られた変化を検証し，それを教育活動の改善につなげるために必要となります（PDCAサイクル）。計画段階において，評価指標を定めるとともに，評価の実施計画を盛り込んでおくことが必要です。

　また，評価の「ものさし」として，「何をどれくらい実施したか」というアウトプット評価に加え，「生徒の意欲・態度・能力等がどのように変容し，キャリア発達がどの程度促進されたか」という教育の成果を評価するアウトカム評価を実施することが求められています。

2．生徒の成長や変容に関する評価

（1）評価の方法

　キャリア教育の実践を評価するための方法は，進路指導における生徒理解の方法と同じであり，特別な方法があるわけではありません。現状把握を反復することによって，取り組みの成果や生徒の達成状況等について確認することが重要です。例えば，職業適性検査など心理検査の活用（検査法），チェックリストやアンケートの活用（調査法），二者・三者面談（面接法），日常の観察（観察法）等を活用し，取り組みの目的・目標に対応した評価の「ものさし」を用意することも重要です。また，生徒個々の評価を具体的に行うために，キャリア教育に関する学習活動の過程や，成果に関する情報を集積した学習ポートフォリオを作成し，積極的に活用していくことで，生徒が自らの将来の仕事や生活について考える機会を作ることも有効です。

> 集積させたい学習成果物の例
> - 生徒が作成したレポート，ワークシート，ノート，作文等。
> - 学習活動の過程や成果の記録。
> - 自己の将来や生き方に関する考え方の記述（進路相談シート等）。
> - 生徒の自己評価や相互評価の記録（評価カード等）。
> - 保護者や地域・職場の人々による他者評価の記録（体験記録カード等）。
> - 教員による行動観察記録，進路学習で実施した検査や調査の結果，学業成績等。

　これらの学習成果物はできるだけ生徒に返却し，さらに自己評価によって生徒自身が自らの成長を実感できるようにすることも大切です。

（2）評価指標の作り方

　取り組みの目的・目標が明確に設定され，生徒が身につける力が評価可能な表現で定義されていれば，これを用いて評価項目を作成することができます。例えば，基礎的・汎用的能力の「人間関係形成・社会形成能力」であれば，定義の表現を用いてつぎのような項目を作成できます。

> 人間関係形成・社会形成能力の評価項目例
> - 多様な他者の考えや立場を理解できる。
> - 相手の意見を聴いて自分の考えを正確に伝えることができる。
> - 自分の置かれている状況を受け止めることができる。
> - 自分の役割を果たしつつ他者と協力・協働して社会に参画することができる。

第5章 こんなときはどうする？

　質問項目に対して，例えば「よくあてはまる」「ややあてはまる」「あまりあてはまらない」「まったくあてはまらない」といった選択肢を用意すれば，評価指標として用いることが可能です。
　また，地域や学校で目指すキャリア教育に適合した評価指標があれば，それを用いることも可能です。例えば，キャリア教育をとおして，生徒の自己肯定感を高めたいといった場合に，「自尊感情」の尺度を用いることもできます。心理学研究の分野では，「進路熟成度」，「対人スキル自信尺度」，「ソーシャル・スキル尺度」など，多数の尺度が開発され，活用されています。
　評価の目的は，生徒の成長・変容を把握することであり，その評価結果にもとづいて取り組みの改善につなげることが重要です。すべてを評価するのではなく，重点的な取り組みに絞り込んで評価する方法が実施しやすく，無理のない評価こそ実効性が期待できます。

（空閑正晃）

8 中学校のキャリアカウンセリング

Question

中学校でのキャリアカウンセリングは
どのように行ったらよいでしょうか。

Answer

『中学校キャリア教育の手引き』（文科省，平成 23 年 3 月）では，学校におけるキャリアカウンセリングについて，「生徒一人一人の生き方や進路，教科・科目等の選択に関する悩みや迷いなどを受け止め，自己の可能性や適性についての自覚を深めさせたり，適切な情報を提供したりしながら，生徒たちが自らの意志と責任で進路を選択することができるようにするための，個別又はグループ別に行う指導・援助である」とし，「キャリア発達を支援するためには，個別の指導・援助を適切に行うことが大切であり，特に，高等学校への進学など，現実的に進路選択が迫られる中学校の段階では，一人一人に対するきめ細かな指導を行うキャリアカウンセリングの充実は極めて重要である」としています。

しかしながら，中学校におけるキャリアカウンセリングに関する書籍や実践記録はあまり出回っていないのが実情です。

1. 職業レディネス・テストを活用した
　　キャリアカウンセリング

　「将来なりたい職業がある友だちが多いが，自分は将来なりたい職業がなく，不安だ」とか，「職場体験でどんな事業所に行ったらよいのかわからない」などと相談される場合があります。このようなケースでは，職業レディネス・テスト（以下，VRT）を活用したキャリアカウンセリングが有効です。VRTは主として中高生の進路指導に用いるためのテストで，アメリカの心理学者・ホランド（J.L.Holland）の理論をもとに独立行政法人労働政策研究・研修機構が開発しました。一般社団法人雇用問題研究会が提供していますが，ハローワークでも扱っています。

　ホランドは，働く人のパーソナリティ（性格）も，仕事も，表1の6つの領域に分類できるとしました。これは，VRTではA検査（職業興味）とC検査（職業遂行の自信度）に取り入れられています。

　VRTには，「基礎的志向性」を測定するB検査があり，こちらは表2の3つの枠組みで作られています。

表1　職業興味の6領域

領域名	内容
現実的（R）	機械や物を対象とする具体的で実際的な仕事や活動の領域
研究的（I）	研究や調査などのような研究的，探索的な仕事や活動の領域
芸術的（A）	音楽，美術，文芸など芸術的分野での仕事や活動の領域
社会的（S）	人に接したり奉仕したりする仕事や活動の領域
企業的（E）	企画や組織運営，経営などのような仕事や活動の領域
慣習的（C）	決まった方式や規則に従って行動するような仕事や活動の領域

表2　基礎的志向性の3つの方向性とその内容

方向性の名称	内容
対情報関係志向（D志向）	各種の知識，情報，概念などを取り扱うことに対する志向性
対人関係志向（P志向）	人と直接関わりをもつような活動に対する志向性
対物関係志向（T志向）	機械や道具，装置など，いわゆる"モノ"を取り扱う活動に対する志向性

さらに，VRTの資料には，自分の興味や志向に合う職業例も示されます。
　実際のキャリアカウンセリングではつぎのようなやりとりや活用が考えられます。

(生徒)	「職場体験でどんな事業所に行ったらいいのかわかりません。将来就きたい職業もないし……。」
(教員)	「この前行った職業レディネス・テストの結果を見てどう思いましたか。」
(生徒)	「それが，見方がよくわからないのです。」
(教員)	「そうですか。それでは一緒に見ていきましょう。」 「テスト結果では，A検査・C検査とも『社会的（S）領域』が強いことがわかりますね。B検査でも，『対人関係（P）志向』が強いことがわかります。ということは，どんなタイプの職業が考えられますか。」
(生徒)	「人の相手をしたり，面倒を見たりする仕事がいいみたいですね。」
(教員)	「あなたの普段の様子を見ていて，私もそう思います。では，具体的な職業例を見て，何かピンとくるものはありますか。」
(生徒)	「お年寄りよりも小さい子どもが好きなので，保育士か幼稚園や小学校の先生がいいと思います。」
(教員)	「そうですね。具体的なイメージがつかめてきましたね。」
(生徒)	「はい。ありがとうございました。」

　このようにキャリアカウンセリングは，諸検査や調査，コンピュータなどのツールや資料を活用しやすいカウンセリングです。ただ，実際のやりとりの場面では，VRTなど心理検査をやっていない場合も多いです。そんなときは，つぎのような切り出し方が考えられます。

第5章 こんなときはどうする？

（教員）	「職業には3～4のタイプがあります。①情報やデータを扱う仕事（D），②人相手の仕事（P），③ものを作ったり，修理したり，運んだりする仕事（T），さらには④アイデアを扱う仕事（I）があるといわれています。あなたはどのようなタイプの仕事を好みますか。」

　または，好きな教科や得意な教科，趣味や特技などからのアプローチも考えられます。これらのケースは，基礎的・汎用的能力のうち自己理解・自己管理能力，キャリアプランニング能力が直接関わってきます。

2．教員が相談しやすい存在であるために

　進路についての悩みを抱えていない中学生はいません。まずは，教員がいかに相談しやすい存在であるかが重要です。日常的なやりとりや声かけこそが大事です。生徒が教室などで高校のパンフレットやポスターを見ているときはひと声かけるチャンスです。生徒の悩みや不安のなかには解決が難しいケースもありますが，それに寄り添い，支えになっていく姿勢が大切です。

（小林正晃）

おわりに

　学校には，子どもたちのために教育熱心で生徒や保護者の信頼が高い先生がいます。しかし，その先生が他の学校に異動してしまうと，残念なことに，日々の教育活動に元気さを失ってしまうことを経験してきました。進路指導・キャリア教育においても同じようなことが起きています。進路指導・キャリア教育は，教科の指導と異なり，「指導書」や「手引き書」もないため，自分本位に進めるということができにくいものです。また，進路指導主任・キャリア教育主任の先生が，ひとり頑張ったとしても，学校全体の教育効果は高まらないものです。このような現状を考察すると，日頃から，学校全体の風通しをよくし，全教員が一丸となってこそ進路指導・キャリア教育の「プロの技」が発揮されることと思います。

　中学校教育は，法の条文を待つまでもなく，「社会に必要な職業についての基礎的な知識や技能，勤労を重んずる態度及び個性に応じて将来の進路を選択する能力を養うこと」ですが，この能力の育成を図るため，本書では，各教科，道徳，特別活動，総合的な学習の時間，家庭や地域，関連諸機関との連携を視野に入れて，指導の方法を提案しました。

　また，進路指導・キャリア教育を進めるには，進路指導・キャリア教育が学習指導要領の働きと同じように，全国どこでも活用できる「基礎的な部分」と，それぞれの「地域の産業」や「特色ある教育活動」を生かした指導に二分して実践することもできます。

　「基礎的な部分」は，学習指導要領の特別活動「学業と進路」に関する内容が，大きなウエイトを担い，日頃から直接生徒と接する担任の先生の力量が求められています。本書をとおして積極的に自己啓発されることを期待しております。

　特に，今日のように変化の著しい社会の影響を受けた，子ども(生徒)たちに懸念されていることは，学校での学習する意味に，不安や戸惑いを見せ，学ぼうとする意欲の減退が目立ちはじめていることがあげられます。この要因のひとつは，「職業や産業」の世界が，複雑に変わり，学校で学ぶことと職業との対応関係が，従来よりも不透明で明確ではなくなってきていることが考えられます。

　そのため，文部科学省及び経済産業省・厚生労働省は，いち早くキャリア教育の重要性を訴え，単に進学先や就職先を決めることへの指導だけで

は不十分であり，社会的・職業的自立に向けて必要な能力等の育成を求めています。

　後半の「特色ある教育活動」では，中学生の職場体験の必要性が，保護者からも理解され，98％と全国的に高い実施率を示しています。子ども（生徒）たちが，安易にバーチャルな世界の疑似体験に翻弄されることなく，直接，職業人や社会人と触れ合う体験をとおして，将来の生き方や進路選択に生かすことの重要性を提示しています。人は何のために働くのか，仕事には，どのような価値があるのか。働くことで，何を実現したいのかを促すことでもありましょう。

　職場体験活動ひとつをとっても，生徒がさまざまな啓発的な経験をとおして，自己の適性や興味・関心を前向きに自己分析し，学び方の再構築を促すことが理解できます。

　つぎに，本書の内容の枠組みを列記してみますと，①生徒理解を深める活動，②進路情報を得させる活動，③啓発体験を得させる活動，④進路相談に関わる活動，⑤就職・進学に関する活動，⑥卒業生の追指導に関する活動 に含んで記述されていますが，これは中学校の進路指導・キャリア教育の基本的な指導項目でもあります。

　本書は，全国のどこの学校でも活用できるものでありますが，編纂にあたっては，日本進路指導協会が，長年にわたり発刊してきました機関誌『進路指導』の中から，今日的課題（基礎的・汎用的能力を含めて）を抜粋し，編集し直したものです。執筆者は，全国大会，関東甲信越大会，全九州大会などにおいて，それぞれの県や地区で進路指導・キャリア教育を推進されている先生方です。どの地区・地域でも中学校の進路指導・キャリア教育が，将来に夢をもたせ，人間としての生き方に迫る課題や疑問点を解決できるよう，専門的な立場で適切にアドバイスしていただいたものです。新任の先生には，学級活動での疑問点にお使いいただき，中堅からベテランの先生には，学級経営はもとより学校経営や学校運営のリーダーとして，校内研修会や年間指導計画の立案などにも活用いただけるように内容を精査し，編纂したものです。それぞれの学校の実情に応じて，活用されることを心より期待しております。

　平成28年3月

公益財団法人　日本進路指導協会
理事・企画研究部長　髙野　安弘

索引

数字

4領域8能力 36, 37

J

J.L.Holland(ホランド) 165

K

KJ法 71

P

PDCAサイクル 12, 20, 22, 153, 161

あ

アウトカム 26, 27, 154, 161
アウトプット 27, 154, 155, 161
アンケート 17, 21, 39, 50, 74, 93, 94, 96, 98, 99, 116, 159, 161
アントレプレナーシップ教育 104, 122, 123, 124, 127

か

学習指導要領 16, 32, 33, 38, 42, 43, 84, 118
課題対応能力 13, 21, 37, 38, 39, 73, 87, 90, 92, 93, 96, 98, 99, 114, 115, 117, 124, 158

き

基礎的・汎用的能力 12, 17, 18, 22, 23, 25, 26, 30, 31, 36, 37, 38, 66, 73, 85, 86, 90, 91, 92, 96, 130, 153, 162, 167
キャリアカウンセリング 13, 15, 19, 74, 164, 165, 166
『キャリア教育ガイドブック』91
『キャリア教育・進路指導に関する総合的実態調査第一次報告書』70, 74
キャリア教育推進委員会 15, 18, 148, 159
キャリア教育担当(主任) 9, 10, 11, 14, 56, 85, 151
『キャリア教育を創る―学校の特色を生かして実践するキャリア教育―』16, 19, 20, 21, 38
『キャリア教育をデザインする―小・中・高等学校における年間指導計画作成のために―』23, 27

キャリアサポート 104
キャリア発達 12, 13, 24, 33, 34, 61, 62, 63, 64, 66, 67, 74, 81, 126, 136, 153, 154, 155, 161, 164
『キャリア発達にかかわる諸能力の育成に関する調査研究報告書』22, 24, 160
キャリアプランニング能力 13, 21, 37, 38, 39, 43, 73, 86, 87, 90, 92, 114, 124, 158, 167
教育課程 13, 15, 28, 30, 32, 62, 80, 81, 122, 126, 148
教育振興基本計画 16
教科指導 76, 77, 79, 83, 98, 115, 136

く

グループワーク 71, 72, 106

こ

高校説明会（学校説明会）65, 69, 73, 120
高校出前授業 119
校内組織（体制）14, 15, 81, 148, 160
国立教育政策研究所 19, 20, 22, 23, 24, 27, 36, 38, 70, 74
コミュニティ・スクール 105, 126, 127, 128, 129

し

自己肯定感 47, 48, 49, 77, 136, 138, 139, 141, 163
事後指導（事後学習）28, 29, 34, 35, 68, 69, 74, 89, 91, 131, 138, 146
自己評価 10, 48, 49, 64, 69, 131, 140, 143, 146, 154, 155, 159, 162
自己分析 50, 52, 53
自己有用感 47, 48, 49, 63, 141
自己理解 33, 45, 50, 52, 54, 55, 57, 59, 63, 65 ,136, 140, 141, 143, 144
自己理解・自己管理能力 13, 21, 37, 38, 39, 73, 87, 90, 92, 114, 158, 167
事前指導（事前学習）28, 29, 34, 35, 69, 74, 89, 90, 91, 94, 130, 131, 138, 146
授業研究（研究授業）15, 151, 157, 159
上級学校 44, 55, 56, 57, 65
小中連携 114
職業観・勤労観（勤労観・職業観）35, 36, 46, 48, 49, 63, 88, 91, 145
「職業観・勤労観を育む学習プログラムの枠組み開発」36
職業講話 68, 104

職業調べ　29, 68, 141
職業理解　42, 45, 54, 55, 61, 77, 127, 136, 141, 143
職業レディネス・テスト　90, 165, 166
職場体験　18, 28, 29, 33, 34, 35, 44, 58, 60, 61, 69, 74, 88, 89, 90, 91, 92, 93, 94, 96, 102, 103, 104, 107, 109, 112, 116, 127, 130, 136, 137, 138, 141, 142, 146, 159, 165, 166
進路（進学）希望調査　54, 70, 73, 110, 120, 142
進路指導主事（主任）　8, 9, 10, 11, 14, 56, 143
進路集会　118

せ

全体計画　8, 10, 11, 18, 20, 21, 22, 24, 27, 28, 30, 32, 81, 84, 85, 148, 160
全体構想　13, 64, 82 ,108

そ

総合的な学習（の時間）　13, 14, 19, 20, 23, 30, 32, 33, 64, 66, 68, 69, 81, 82, 83, 85, 88, 90, 91, 96, 107, 108, 109, 145, 150, 151, 158, 159
相互評価　10, 47, 154, 162
相談・面談
　　三者相談（面談）　51, 65, 69, 120, 161
　　チャンス相談　51
　　定期教育相談　51
　　二者相談（面談）　51, 65, 111, 161
　　呼出し相談　51

た

体験活動　68, 74, 88, 107, 110, 111, 112, 113, 146, 150

ち

地域社会　93, 102, 110, 112, 113, 145
地域力　102, 103, 104, 105
チェックシート　20, 159
中央教育審議会　16, 37, 62, 66, 80, 106
『中学校キャリア教育の手引き』　16, 17, 22, 40, 67, 88, 107, 160, 164

『中学校・高等学校進路指導の手引き／啓発的体験活動編』144
『中学校職場体験ガイド』89

て

出口指導 8, 10, 70, 74

と

道徳 13, 14, 19, 20, 23, 30, 32, 64, 66, 81, 82, 83, 84, 85, 86, 87, 88, 108, 144, 150, 158
「道徳に係る学習指導要領の一部を改正する告示等」84
特別活動 13, 19, 20, 23, 30, 32, 42, 64, 66, 81, 82, 83, 85, 88, 90, 99, 108, 115, 117, 145, 150, 158

に

人間関係形成・社会形成能力 13, 21, 37, 38, 39, 86, 87, 90, 92, 93, 114, 115, 124, 130, 133, 158, 162

ね

年間計画 67, 68, 69
年間指導計画 8, 18, 20, 22, 23, 27, 28, 30, 31, 32, 33, 81, 84, 85, 99, 160

は

発達段階 13, 32, 38, 63, 111, 112, 115, 123, 130, 143, 146, 154, 157
ハローワーク 58, 165

ほ

ポートフォリオ 57, 74, 143, 147, 154, 155, 159, 161

ま

マナー検定 130, 131, 132, 133
マナー講習会 58

わ

ワークシート 71, 72, 154, 162

■初出

本書は機関誌『進路指導』（公益財団法人　日本進路指導協会発行）において平成22年春号から平成27年冬号に掲載された「中学校進路指導Q&A」をもとに，一部加筆・修正されたものです。

（「中学校進路指導Q&A」は平成28年3月現在も好評連載中です。）

【執筆者一覧】

■編者

　萩原　信一　（公益財団法人　日本進路指導協会　常務理事）
　高野　安弘　（公益財団法人　日本進路指導協会　理事・企画研究部長）

■執筆者

　池之上　義宏　（佐賀県佐賀市立川副中学校　校長）
　小川　敦史　（長崎県大村市立桜が原中学校　教諭）
　空閑　正晃　（佐賀県佐賀市立鍋島中学校　教諭）
　木村　智佐子　（東京都三鷹市立第六中学校　主幹教諭）
　小林　正晃　（千葉県鎌ケ谷市立第四中学校　教諭）
　齋藤　淳　（東京都目黒区立第十中学校　副校長）
　志水　卓郎　（鹿児島県鹿児島市立谷山北中学校　教諭）
　中尾　直美　（佐賀県武雄市立武雄中学校　教諭）
　三上　正明　（埼玉県立伊那学園中学校　主幹教諭）
　渡邊　淳二　（大分県大分市立王子中学校　校長）

（所属は掲載当時のもの／五十音順・敬称略）

公益財団法人　日本進路指導協会

　昭和2年，青少年の職業指導を普及・発達させることを目的に，文部省の後援のもとに「大日本職業指導協会」として創設。昭和7年，文部省（現在の文部科学省），内務省（現在の厚生労働省）共管の「財団法人」として整備される。戦後名称を「日本職業指導協会」と改め，さらに昭和54年5月から「日本進路指導協会」に改称して今日に至る。

　職業指導にかかわる各種の研究会，講習会，協議会などの開催のほか，機関誌『進路指導』の刊行，小学校・中学校用「職業指導読本」の発行などをとおして，学校における児童生徒の望ましい進路指導・キャリア教育のあり方の普及とその発達に尽力している。

　キャリア教育・学級活動用副読本『中学生活と進路』の監修をはじめ，『進路指導を核とした新しい学級活動の展開』，『最新・進路学習を核とした学級活動の展開』，『新しい時代の生徒を育てる中学校キャリア教育』『中学生のための仕事発見ガイド』（以上，実業之日本社刊）など，多数の書籍の監修・編纂を行っている。

これぞプロの技！
中学校進路指導・キャリア教育Q＆A

2016年4月15日　初版第1刷発行

編　者　　公益財団法人　日本進路指導協会
発行者　　増田義和
発行所　　実業之日本社

〒104-8233
東京都中央区京橋3-7-5　京橋スクエア
電話　[編集] 03-3535-5414
　　　[販売] 03-3535-4441
http://www.j-n.co.jp
「進路指導net.」 http://www.j-n.co.jp/kyouiku/

イラスト　笹森識（株式会社サッシィ・ファム）
印刷・製本　大日本印刷株式会社

© Nihon Shinro Shidou Kyoukai 2016, Printed in Japan.
ISBN 978-4-408-41673-1　（教育図書）

　乱丁・落丁本は発行所でお取り替えいたします。
　小社のプライバシーポリシー（個人情報管理）は上記ホームページをご覧ください。
　本書の一部あるいは全部を無断で複写・複製（コピー，スキャン，デジタル化等）・転載することは，法律で認められた場合を除き，禁じられています。
　また，購入者以外の第三者による本書のいかなる電子複製も一切認められておりません。

著者	書名	判型	価格
藤田晃之, 高槻市立赤大路小学校・ 富田小学校・第四中学校	ゼロからはじめる小中一貫キャリア教育 大阪府高槻市立第四中学校区「ゆめみらい学園」の軌跡	B4判	2,000円
清水隆彦	キャリア教育で変える学校経営論 「しかけ」が教員・生徒・保護者を動かす	A4判	1,800円
藤田晃之	キャリア教育基礎論	A5判	2,000円
秋田県小・中学校 進路指導研究会	キャリア教育実践ガイドブック	A4判	1,200円
文部科学省 国立教育政策研究所 生徒指導・進路指導研究センター	キャリア発達にかかわる諸能力の育成に関する調査研究報告書	A4判	2,000円
厚生労働省	中学校・高校におけるキャリア教育実践テキスト	A4判	590円
埼玉県中学校 進路指導研究会	学級活動を核とした中学校キャリア教育	A4判	1,905円
国立教育政策研究所 生徒指導研究センター	キャリア教育体験活動事例集	A4判	2,000円
学職連携ネット・おおた (大塚洋・田中宏和)	地域力を生かす中学生の職場体験学習	B5判	1,905円
山田智之	教職員のための職場体験学習ハンドブック	A5判	1,600円
三村隆男	キャリア教育と道徳教育で学校を変える!	B5判	1,714円
沼津市立原東小学校 三村隆男	キャリア教育が小学校を変える!	B5判	2,400円

表示価格は2016年3月現在。消費税は含まれておりません。